DIREITO CIVIL: OBRIGAÇÕES

Belmiro Vivaldo S. Fernandes

Studio Sala de Aula

ISBN-13: 9798664993219

Printed in the United States of America

Dedico este livro a minha mãe, aos meus queridos padrinhos intelectuais Alexandre Sérgio da Silva e Maria Auxiliadora Minahim, bem como a minha irmã de alma Jeovanna Pinheiro e minha outra irmã de alma Ezilda Melo.

Escolha um trabalho que você ame e não terás que trabalhar um único dia em sua vida.

CONFÚCIO

CONTENTS

INTRODUÇÃO GERAL
DESTE VOLUME

O direito das obrigações representa um importante departamento da ciência jurídica, com reflexos fundamentais não apenas no próprio direito civil, mas em diversos outros, a exemplo do próprio direito administrativo, tributário e do trabalho, para citar alguns.

O direito civil é comprovadamente o ramo jurídico mais minucioso e prolongado de toda a ciência do direito, de modo que, após evidente exame da parte geral, surge um dilema para a escrita de qualquer obra enciclopédica sobre o tema: qual área trabalhar primeiro? Seria natural seguir a sequência disposta no próprio Código Civil, em que o direito das obrigações se põe logo após a parte geral, mas nem sempre se foi assim, pois o Código Civil de 1916 trazia o direito de família como capítulo que inaugurava a parte especial.

Embora seja muito festejada pela doutrina a repersonalização do direito civil, em alinhamento com a dignidade da pessoa humana, levaria ao equívoco de se imaginar que a propriedade teria sido diminuída em sua importância. Entretanto, não pensamos desta forma: a maioria das soluções sancionatórias ou indutivas do direito civil perpassam pelos reflexos no patrimônio da pessoa.

Por este motivo é que optamos, neste curso de de direito civil, posicionar o direito das obrigações como um departamento um pouco à frente do exame do Direito sobre as Coisas (como preferimos denominar), merecendo, por isto, ser o terceiro dos volumes. Isto se deve porque, paradoxalmente, a repersonalização do direito civil apresentou como consequências diretas uma maior aflição sobre o patrimônio econômico da pessoa em estado de sujeição, o que exige do leitor um conhecimento prévio das coisas que o compõem.

Lembremo-nos, a título de exemplo, que a prisão civil por dívida, por força de construção jurisprudencial, somente ficou relegada ao inadimplemento na obrigação de pagar alimentos; para o depositário infiel, a única solução disponível no direito material é a sanção patrimonial.

Mesmo no campo dos direitos da personalidade, alguns podem ser disponibilizados gratuita ou onerosamente, como ocorre com os direitos autorais. E, por fim, nesta análise prefacial e mais relacionada ao objeto deste volume, a obrigação de fazer infungível não tem o condão de compelir corporalmente que alguém faça algo que, mesmo tendo se comprometido, deliberadamente se recuse, restando sua transformação em perdas e danos.

Logo, o exame do patrimônio econômico, bem representado no campo do direito sobre as coisas, em nossa opinião, deve vir anteriormente ao estudo do direito das obrigações, até mesmo porque, em alguma das suas modalidades, torna-se absolutamente necessário um breve conhecimento de noções de posse e de propriedade, como se dá no exame das obrigações de dar coisa certa e incerta.

Somos cientes dos riscos científicos e até mesmo editoriais desta opção – que, como em toda construção do conhecimento, pode ser alterada em edições futuras desta obra – mas por enquanto, em nossa convicção, é a apresentação pouco ortodoxa, mas com a melhor didática para o leitor.

Esperamos sinceramente que o(a) caro(a) leitor(a) deguste esta obra, construída com muito carinho e responsabilidade, pelo que nos colocamos em contato direto para dúvidas, críticas e sugestões, através do e-mail belmirofernandes@gmail.com, no Instagram em @belmirovivaldo e através de nosso canal de aulas no YouTube, em www.youtube.com/belmirovivaldo .

01 – OBRIGAÇÃO: DEFINIÇÃO E SUA DISTINÇÃO DE DEVER JURÍDICO

Obrigação e dever jurídico são institutos tecnicamente distintos, embora muitas vezes tratados como se fossem sinônimos.

Dentre outras, a principal distinção entre obrigação e dever jurídico está na afetação patrimonial que existe na primeira e não é tão clara no segundo. Assim, por exemplo, no direito penal temos o dever jurídico de não ferirmos ou matarmos alguém, de não nos apropriarmos do patrimônio alheio e de não agirmos em favorecimento ilícito junto à Administração Pública. Penalmente, a consequência prevista na legislação à violação de tais deveres se encontra devidamente plasmada: a sanção corpórea, calculada de forma abstrata e, em alguns casos, a multa, aplicada separada ou em conjunto com a outra pena.

No campo do direito administrativo, existem diversos deveres e muitos se encontram dispostos na própria Lei de Improbidade Administrativa (Lei Federal n. 8.429 de 02 de junho de 1992) (PAZZAGLINI FILHO, 2007), especialmente no seu artigo 11, que trata dos "atos de improbidade administrativa que atentam contra os princípios da Administração Pública". Apesar de a referida lei trazer aspectos obrigacionais em resposta à violação de tais deveres, há a previsão expressa de sanções de direitos políticos, multas pagas ao erário público ou a proibição de obter benefícios fiscais ou contratuais com o Poder Público.

Observa-se, assim, que a noção de obrigação jurídica é mais restrita e localizada que a dos deveres jurídicos. Logo, a obrigação é um vínculo jurídico destinado um determinado tipo de prestação (conduta humana), de cunho patrimonial, para atender aos interesses de um credor (RODRIGUES, 2016).

Assim é que existem, como serão adiante observadas, algumas modalidades de obrigações: fazer, não fazer, dar e - como preferimos tratar de forma distinta - pagar quantia em dinheiro.

O próprio ato ilícito, passível de responsabilização civil, acaba ganhando conteúdo patrimonial, representado por uma ou algumas das modalidades obrigacionais acima citadas.

Dentro desta ideia – ou definição – entendemos que a obrigação é um *vínculo* que liga duas partes – um sujeito ativo (credor), ou um bloco de credores de um lado e, de outro lado, um sujeito passivo (devedor) ou um bloco de devedores – a uma determinada *prestação* (consistente em uma conduta de dar, fazer, não fazer ou solver quantia em dinheiro). Sua existência gravita em torno do elemento patrimonial, da transferência de riquezas, seja através de bens, pecúnia ou da própria força laboral.

Sendo um vínculo que liga um devedor a um credor, a obrigação, tomada aqui em um sentido de prestação, pode ser *garantida* para a satisfação do débito. Então, por exemplo, alguém pode oferecer todo o seu conjunto patrimonial disponível para garantir o débito de terceiro, tendo-se assim a fiança; por outro lado, algumas dívidas vão ser garantidas por uma coisa, tendo-se assim o penhor ou a hipoteca.

Então, para que se possa firmar uma definição de obrigação, adotamos, pela sua precisão e didática, o pensamento de Clóvis do Couto e Silva, que afirma ser "um vínculo que liga as partes a uma prestação de conteúdo patrimonial para a satisfação do interesse do credor" (SILVA, 2006).

Deve-se ter em mente que o direito das obrigações tem este propósito: oferecer um conjunto de regras que tragam um *cardápio* de soluções jurídicas para que o credor receba a prestação a que tem direito. É decorrência de um importante marco civilizatório, denotado porque torna conduta criminosa o exercício arbitrário das próprias razões (artigo 345 do Código Penal)[1] e reduz ao mínimo necessário a possibilidade de auto-tutela dos direitos pelo próprio sujeito, sem o envolvimento da Jurisdição.

02 - PRINCIPAIS DISTINÇÕES ENTRE OS DIREITOS OBRIGACIONAIS E DIREITOS REAIS

É tradicional que se dedique em um curso escrito ou manual de direito civil determinada seção para que se faça a distinção para o leitor entre as diferenças dos direitos obrigacionais em relação aos reais.

Embora percebida de forma muito clara para aqueles que praticam o direito - especialmente quando encarado sob a perspectiva processual - há muitos pontos de inflexão e relacionamento entre dois tão distintos ramos científicos.

As dificuldades começam a ficar mais evidentes quando são examinadas figuras muito conexas, como as obrigações de dar, bem como as chamadas obrigações *propter rem*.

Adiante, dividimos os principais pontos de distinção, mais comumente exigidos tanto em avaliações e seleções, quanto na própria prática forense.

2.1 Distinções Quanto Ao Objeto.

Como defendemos na introdução geral deste volume, antes de se examinar as obrigações, apresenta maior lógica o exame do estado de posse e dos direitos reais das pessoas sobre as coisas. Somente conhecendo o patrimônio econômico da pessoa é que se torna possível entender *como* e *por que* pode ser transferido para outrem (TARTUCE, 2020).

Além disto, tendo-se feito um exame atento dos direitos sobre as coisas – denominação que também preferimos adotar – é que se pode identificar e diferenciar dos direitos obrigacionais *entre* as pessoas. Vamos então a esta análise.

Analisando-se o objeto, as obrigações visam uma determinada **prestação**. Esta prestação é uma **conduta humana** aferível economicamente, consistente em um ato positivo (fazer), ou uma abstenção (não fazer), ou uma entrega (ou devolução) de uma coisa (obrigação de dar coisa certa ou incerta) ou então a obrigação de transferir determinada quantia em dinheiro, o que seria a "obrigação de pagar".

É curioso perceber que a doutrina, em geral, não reconhece a obrigação de pagar como tendo existência distinta da obrigação de fazer ou de não fazer. Pergunto-lhe: se você se obriga a pagar determinada pessoa mediante a realização de uma transferência eletrônica disponível (TED), seria isto uma obrigação de *fazer* ou de *dar*?

Existem grandes debates sobre o tema, porque embora assuma características mais próxima da obrigação de *dar*, em razão da transferência valor pecuniário, mas os interditos possessórios ou as ações relacionadas à propriedade são inaplicáveis a tal situação (GAGLIANO; PAMPLONA FILHO, 2017). Se se entender que é um *fazer*, tornar-se-ia possível compelir o devedor por uma *multa diária* (ou horária!) a cumprir o prometido... se a legislação processual não trouxesse soluções distintas para o caso.

Aliás, falando-se especificamente sobre o direito processual, embora seja campo científico completamente distinto do direito material, os debates sobre a *efetividade* dos direitos e garantias têm aproximado seus institutos. O próprio Código de Processo Civil de 2015 abriu possibilidades, em seu artigo 139, que o juiz dirigirá o processo, podendo, como é trazido no inciso IV, "determinar **todas** as medidas indutivas, coercitivas, mandamentais ou sub-rogatórias para assegurar o cumprimento de ordem judicial, **inclusive nas obrigações que tenham por objeto prestação pecuniária**" (os grifos são nossos).

Isto gerou diversos debates no Poder Judiciário, com magistrados defendendo e determinando posicionamentos como apreensão de carteira de habilitação, passaporte, bloqueio de cartão de crédito, tudo para fazer com que o devedor cumprisse suas prestações. O debate foi tão intenso que o Superior Tribunal de Justiça, em 13 de novembro de 2018, no julgamento do Recurso em *Habeas Corpus* n. 99.606, determinou que tais medidas apenas podem ser adotadas **após** o esgotamento daquelas de caráter pecuniário.

Diferentemente da obrigação jurídica, no direito das coisas se examina a relação de alguém com um determinado objeto, filiando-se, como já dissemos, a maior parte da doutrina que o mesmo tenha existência corpórea.

Assim, apenas por clareza didática, tomando-se por exemplo a denominada "obrigação de dar coisa certa" – que será adiante melhor explicitada – seu objeto não é a coisa *per se*, mas a **prestação** de transferir/restituir sua posse ao credor, ou ainda sua propriedade.

2.2   Distinções Quanto À Duração

A obrigação, enquanto vínculo, é criada apenas para uma única finalidade: a satisfação do credor, o que se dará pelo cumprimento integral (quanto à qualidade, quantidade e forma) de determinada prestação. Logo, as obrigações são, em regra, **tem-**

porárias, sendo **fadadas à extinção**.

Mesmo nas obrigações de trato sucessivo, solvidas normalmente de mês em mês, cada prestação tem seu cumprimento independente realizado, havendo na legislação dispositivos que visam proteger, ora o credor, ora o devedor, quanto ao pagamento de uma prestação pela outra.

Por outro lado, os direitos sobre as coisas têm um caráter duradouro, havendo limitação temporal apenas **prevista expressamente**. Assim, por exemplo, o possuidor permanece com a coisa consigo indefinidamente, **caso não haja disposição em contrário**, como em uma locação por prazo indeterminado, por exemplo.

Esta tendência de perpetuidade nos direitos sobre as coisas encontra reforço na possibilidade de direito de propriedade plena pela via da usucapião. Ou ainda, um gravame lançado sobre um bem (propriedade fiduciária, hipoteca, penhor etc.) apenas é apenas levantado **se** e **somente se** assim houver algum ato posterior, motivado ou pela quitação integral de prestações obrigacionais por tal coisa garantida, ou por ordem judicial.

Sem sombra de dúvidas, a perpetuidade inerente aos direitos sobre as coisas é um componente desfavorável à distribuição ou circulação de riquezas e o ordenamento jurídico se mostra cada vez mais sensível à realidade social e as consequências de tal característica para a concentração de rendas. Por isto, existe regulada desde a Constituição Federal a possibilidade de desapropriação por descumprimento de sua função social.

De outro lado – pensemos - a existência de muitas regras que possibilitassem a perda da posse ou da propriedade poderia também causar um efeito perverso na própria distribuição de renda, posto que as pessoas mais vulneráveis e menos conhecedoras de seus direitos lidaram (ainda mais) constantemente com a constatação de que tiveram redução em seu já escasso patrimônio econômico.

Logo, encontrar uma solução mais justa entre a circulação / extinção de direitos (intrínseco às obrigações) e a permanência dos mesmos (intrínseco aos direitos sobre as coisas) é um desafio constante que a ciência jurídica deve constantemente se aprimorar, tanto na legislação, como na doutrina e jurisprudência.

2.3   Distinções Quanto À Enumeração

As obrigações decorrem das mais diversificadas fontes, como os atos unilaterais, os contratos e o próprio ato ilícito. Assim, as obrigações não têm como ser enumeradas *a priori*, sendo algumas previstas no ordenamento jurídico, enquanto que muitas outras, simplesmente, são desenvolvidas a partir da criatividade humana, tomando-se por base a autonomia privada e os requisitos gerais dos negócios jurídicos.

Logo, concorda a doutrina que as **obrigações se constituem em *numerus apertus*, em rol exemplificativo**. Mesmo a miríade de figuras contratuais não tornou possível o esgotamento de *todas* as possibilidades de condutas lícitas humanas, havendo até o presente momento certas figuras sem plena regulação jurídica, como é o contrato de *leasing*, ou ainda testamento vital.

Por outro lado, o direito sobre as coisas encontra regulação expressa na legislação, majoritariamente no Código Civil, como se traz no artigo 1.225. É, para fins de classificação, um conjunto reunido em um **rol taxativo**, *numerus clausus*.

Enxergamos que esta preocupação de prévia regulação legal tem plena relação com a maior proteção e perpetuidade do direito sobre as coisas em relação aos direitos obrigacionais. Antes de a multipropriedade, também conhecida por *time-sharing* ser incorporada ao Código Civil no artigo 1.358-B, já havia algum reconhecimento tímido na jurisprudência quanto à sua possibilidade, tomado por muita cautela justamente em razão da ausência de norma legal que disciplinasse o tema.

2.4   Distinções Quanto À Formação

Relacionada à categoria anterior, temos a distinção entre os direitos obrigacionais e sobre as coisas quanto à formação.

Assim, como já visto, os direitos sobre as coisas derivam da atuação do legislador, sendo *numerus clausus*, ou, como também chamado, composto por um **rol exaustivo**; caso não previsto em normas legais, **não podem ser criados pela livre vontade das partes**.

Por este motivo é que a multipropriedade ou *time-sharing*, ainda que já algum tempo comercializada, necessitou, para sua validação, primeiramente um reconhecimento um tanto quanto provisório pela jurisprudência através da analogia à figura do condomínio, para que, somente então – e tecnicamente correto – tivesse sua regulação prevista na lei, tendo sido acertada sua inclusão no rol do próprio Código Civil, para evitar uma dispersão normativa desnecessária.

No contraponto, os direitos pessoais são *numerus apertus* (**rol exemplificativo**), porque a criatividade humana quanto ao comércio jurídico não pode ser limitada, sendo uma decorrência da própria dignidade da pessoa humana a sua fundamentação criadora civilista, qual seja, a **autonomia privada**.

2.5   Distinções Quanto À Eficácia Intersubjetiva

O direito das obrigações regula o vínculo entre devedor para a satisfação do credor através de uma conduta, a que chamamos de prestação. Assim, quanto aos sujeitos, a relação obrigacional apenas vincula determinadas partes, motivo pelo qual se diz que sua eficácia intersubjetiva é *inter* (**entre) partes**.

A priori, uma relação obrigacional não pode ser imposta a terceiros, embora vejamos, excepcionalmente, este fenômeno ocorrer quando adentramos em certas implicações contratuais, ou, em um raciocínio mais extensivo quanto à responsabilidade civil, a um **dever geral de não provocar atos ilícitos em terceiros**. Entretanto, para fins didáticos, orientamos o leitor a afirmar o a eficácia intersubjetiva das relações obrigacionais apenas entre as partes envolvidas, com as considerações acima ditas.

Uma importância advertência, contudo, deve ser aqui dita: os vínculos obrigacionais podem tornar como devedores ou responsáveis o(a) companheiro(a), o(a) cônjuge ou ainda os sucessores (por transmissão em vida ou *mortis causa*). Assim, teremos exemplos de interferência no patrimônio da meação quanto a obrigações contraídas pelo consorte/companheiro, do sócio de uma pessoa jurídica ou ainda dos herdeiros, embora, neste caso, no limite do patrimônio transferido ("forças da herança", como tecnicamente denominado). No momento oportuno, tais esclarecimentos serão feitos.

O direitos sobre as coisas, por seu turno, como seu nome já denota (seja o que nós sugerimos; seja o tradicionalmente conhecido na doutrina, como "direito das coisas" ou "direitos reais) deve ser **respeitado por todos**, tendo, assim uma **eficácia absoluta** (ou *erga omnes*), porque se destina a toda uma coletividade, que não pode violar a posse, a propriedade ou qualquer fração de direito desta, sob pena de ter contra si movidas alguma medida, seja judicial, ou até mesmo, de autotutela.

2.6   Distinções Quanto Ao Exercício (Ou Cumprimento Forçado)

Aqui se entra em um caminho intermediário entre o direito material e sua efetividade plasmada no direito processual.

Diz-se que o exercício ou cumprimento forçado dos direitos obrigacionais é **indireto**, porque como a satisfação do credor deriva da conduta de uma pessoa humana (prestação), não pode ser compelida corporalmente a fazê-lo, "debaixo de vara", como popularmente se diz. A **única situação** ainda prevista no ordenamento jurídico brasileiro e por óbvias razões humanitárias é a obrigação de pagar alimentos, em que o legislador e a jurisprudência fizeram um prévio juízo de ponderação de interesses.

Mesmo assim, aqui a classificação já se distancia por demais do aspecto puramente teórico-didático, afastando-se do que ocorre na prática. Na obrigação de *pagar quantia em dinheiro*, uma das medidas judiciais disponíveis é a famigerado bloqueio de ativos financeiros, mediante arresto ou ainda penhora, ambos na modalidade preferencialmente *online*, com dispõe a legislação processual civil. E, quanto às obrigações de dar coisa **certa**, a busca e apreensão se mostra como medida judicial possível.

O que se deve ter em mente é que quanto ao exercício e sua possibilidade de cumprimento forçado serem considerados *indiretos* é pela existência da possibilidade de o juiz determinar *outras* medidas menos aflitivas, como a multa diária para compelir o devedor a cumprir a prestação (*astreintes*). Ademais, quando as obrigações forem do tipo *de fazer* ou ainda *de não fazer* _permanentes_ (aquelas que podem ser "desfeitas", como a demolição de um muro que foi indevidamente construído), a única possibilidade jurídica disponível para o juiz será a multa diária, ou diante do fracasso, a conversão em obrigação de *pagar quantia em dinheiro*, que possibilitará o bloqueio de ativos financeiros, como antes salientado.

Quando o leitor estudar, no campo do direito processual civil, a classificação dos tipos de execução de título extrajudicial ou de cumprimento de sentença, entenderá e relacionará o quanto explicitado acima com a figura da denominada "execução **indireta**".

Já os direitos sobre as coisas se relacionam e são imprimidos *sobre* as coisas, diretamente! Então, medidas mais aflitivas, como a busca e apreensão determinada pelo juiz se torna algo possível. Recentemente, o Superior Tribunal de Justiça inclusive *dispensou* a citação do proprietário em ações de conteúdo real, reforçando esta característica.

2.7   Distinções Quanto Ao Sujeito Passivo

Quando tratamos da distinção entre os direitos obrigacionais e dos direitos sobre as coisas, em certa medida, já enfrentamos tal classificação. Por isto, já de logo afirmamos que o sujeito passivo **nas relações obrigacionais é determinado ou, ao menos, determinável,** enquanto, **nos direitos sobre as coisas é, *a priori*, indeterminado**.

Esta distinção tem grande importância prática. Em uma ação possessória contra uma coletividade que esbulha (ex. invade e ocupa) um determinado imóvel, serem os direitos sobre as coisas, torna possível que não se perca em tecnicismos processuais para que sejam citadas *todas* as pessoas presentes naquele lugar. Pode-se, como explica a legislação processual civil, apenas citar um ou alguns dos ocupantes, ou ainda se valer de medidas como o uso de avisos e *outdoor* para fins de publicidade.

Na quanto aos direitos obrigacionais, o sujeito passivo é determinado e cada um dos envolvidos tem sua independência para fins de exercício de ação ou direito à ampla defesa. Logo, para que se possa executar o patrimônio do fiador, é imprescindível que seja trazido ao processo (através de um dos instrumentos processuais elencados dentre as intervenções de terceiros, o denominado "chamamento ao processo"); caso contrário, o devedor tem de ser primeiramente compelido a saldar o débito, para *somente depois* poder manejar ação regressiva contra o fiador (ou vice-versa).

O mesmo irá ocorrer com uma múltipla colisão de veículos (popularmente chamada de "engavetamento"), pois se o condutor que atingiu o carro da vítima o tiver feito em razão do choque que um outro veículo provocou em sua traseira, se não o trouxer ao processo através do instrumento denominado "denunciação à lide" (mais uma intervenção de terceiros), precisará primeiramente satisfazer a vítima – credor da obrigação de indenizar – e, somente depois, em ação regressiva, ressarcir-se do verdadeiro provocador do dano.

03 - FIGURAS HÍBRIDAS OU PONTOS DE CONTATO ENTRE OS DIREITOS OBRIGACIONAIS E OS DIREITOS SOBRE AS COISAS.

A ciência jurídica, sendo dinâmica e condicionada pelas necessidades da sociedade, nem sempre pode se valer do luxo de impor um abismo entre os direitos obrigacionais e os direitos sobre as coisas, sob pena de padecer de ineficácia.

Logo, pouco a pouco foram reconhecidas, seja pela legislação, jurisprudência e/ou doutrina figuras "híbridas" entre tais ramos, complementando aspectos positivos, especialmente garantidores, de ambas. Vamos, assim, estudá-las neste momento.

3.1   Obrigações Propter Rem (Ou Decorrentes Da Coisa).

As obrigações *propter rem*, tomadas em sentido estrito, são aquelas que derivam da própria coisa, indo além do dever jurídico geral de não admoestação ao possuidor ou ao proprietário, mas ganhando o conteúdo prestacional típico dos direitos das obrigações.

Dentre os exemplos de obrigações de *não fazer* decorrentes da coisa se encontram aquelas derivadas do direito de vizinhança, conforme disciplina o artigo 1.277 do Código Civil. Sob o ponto de vista obrigacional, deve o vizinho (que, como vimos quando abordamos isto no volume anterior, não precisa ser contíguo, mas próximo o suficiente a ponto de sua conduta interferir na vida de outrem) adotar posturas de abstenção, como não perturbação do sossego alheio ou de não elevação de obras e construções que interfiram tanto na vida como na propriedade ou posse alheias.

Quanto a exemplo de obrigações *propter rem* na modalidade *de fazer* se encontra o pagamento de tributos (obrigação tributária) em razão da propriedade de automóveis (IPVA) ou de imóveis (IPTU), além, no caso específico de condomínios edilícios, do adimplemento colaboração das colaborações condominiais mensais e/ou de "taxas" extras.

A grande vantagem para o sujeito ativo de uma relação obrigacional *propter rem* é ter à disposição um cardápio mais de medidas judiciais e extrajudiciais para satisfação de seu direito, manejando, a depender do caso concreto, instrumentos dos direitos sobre as coisas ou dos direitos obrigacionais. Em certas situações, isto pode ser cumulado ou até mesmo alternado (ex.: pretensão judicial demolitória cumulada com multa diária para desfazimento da construção e perdas e danos). Cabe à estratégia do advogado perceber qual é a medida mais adequada para aquele caso concreto e pedi-la ao juiz.

Como desvantagem – há de se ter alguma! – o profissional do direito que se depara com uma obrigação *propter rem* tem de dominar *ambos* departamentos do direito civil e da tutela processual civil, escolhendo com muita cautela a estratégia mais adequada para o caso concreto, para que não adentre em um fluxo procedimental mais tormentoso e kafkaniano para o seu cliente.

O estudo e a atualização constantes se fazem muito necessários, especialmente com atenção na evolução da jurisprudência e da melhor doutrina para a formulação da tese mais adequada.

3.2   Obrigações Com Eficácia Real

Como visto, as obrigações *propter rem* são aquelas que oferecem um *reforço* ao sujeito ativo, titular de direitos sobre as coisas.

No sentido *inverso*, as obrigações com eficácia real já buscam o reforço sobre certos bens ou fatias específicas do patrimônio econômico do devedor para torná-las mais eficazes e, consequentemente, efetivas.

É muito comum que um contrato que traga prestações pecuniárias as reforce com o acompanhamento de notas promissórias; como títulos de crédito, poderão ser protestadas em cartório ou até mesmo executadas judicialmente, ultrapassando uma tormentosa e angustiante fase apreciação do mérito pelo juiz.

Além disto, sabe-se que muitos contratos de financiamento de bens são garantidos pela sua manutenção, até a quitação integral, de sua caracterização em propriedade fiduciária, muito comum em imóveis ou em automóveis.

Como vantagens mais evidentes para o credor está o impedimento que se colocar acerca da disposição daqueles bens, além de sua oponibilidade *erga omnes*. Concentrando-se a garantia da prestação em uma certa parcela do patrimônio do devedor (especialmente em bens específicos), o credor acaba por se proteger e, muitas vezes, isto é **<u>decisivo</u>** para a concretização de um negócio jurídico, ou para uma que surjam opções mais vantajosas para o devedor, a exemplo de juros mais baixos. Experimente, por exemplo, simular quanto custa em juros bancários obter determinada quantia por crédito direto ao consumidor, comparando-a com a entrega de um automóvel como garantia; certamente, na segunda, a oneração do devedor será significativamente menor.

3.3   Ônus Reais

Por cautela e didática, há outros institutos que entrelaçam ambos setores do direito civil. Por precaução de não serem devidamente mencionados em outras partes desta obra, os traremos aqui. Começaremos, então, pelos ônus reais.

Os ônus reais se assemelham em uma percepção mais ligeira com as obrigações *propter rem*, mas têm traços bastante distintos.

De início, deve-se alertar que encontram sua gênese e instrumentalização no campo dos direitos sobre as coisas. Um exemplo é a constituição de renda sobre imóvel, pois o proprietário tem a sua fruição limitada sobre o bem, que deve transferir os frutos para o detentor do direito aos ônus, devendo ser constituído em cartório, por ato *inter vivos* ou por testamento.

Como consequência, perecendo o bem também perece o ônus real; se fosse uma obrigação com *garantia real* (a exemplo do contrato de financiamento por alienação fiduciária em garantia; propriedade fiduciária), mesmo perecendo o bem a obrigação **subsiste**, tendo o devedor de saldá-la por outro meio.

Ademais, a responsabilidade pelo ônus real é limitada à coisa. Comparando-se com a obrigação *propter rem*, o bem é apenas um elemento vinculativo, recaindo sobre todo o patrimônio do devedor.

3.4   Obrigações Com Eficácia Real.

As obrigações com eficácia real trazem consigo prestações, mas algum tipo de oponibilidade perante terceiro é garantido pelo contrato ou pela lei.

Os exemplos mais didáticos se encontram no contrato de locação. Assim, conforme determina o artigo 27 da Lei n. 8.245/1991, o proprietário do bem locado deve dar de preferência de aquisição ao inquilino de imóvel antes de aliená-lo a terceiros.

Ainda neste tema, conforme reza o artigo 576 do Código Civil, o adquirente deve respeitar o contrato de locação se houver cláusula expressa no contrato e este for registrado em cartório (de título de documentos se móvel; de registro de imóveis, se imóvel).

3.5   Síntese Conclusiva Parcial

No presente capítulo foram examinadas as noções gerais de direito das obrigações, sua definição didática e o relacionamento com os direitos sobre as coisas.

Adverte-se o leitor, mais uma vez, quanto à necessidade de se conhecer os direitos sobre as coisas *antes* de se adentrar nos direitos obrigacionais, de acordo com o percurso didático eleito por esta obra. Há muitos pontos de diferenças entre ambos setores, mas, certamente, como visto, aspectos de conexão.

Caracterizados os aspectos gerais dos direitos das obrigações, é chegada a hora de se conhecer a estrutura da relação obrigacional, que é tema do próximo capítulo.

04 – A RELAÇÃO JURÍDICA OBRIGACIONAL: UM BREVE PANORAMA

A estrutura da relação obrigacional, tal qual uma – em uma analogia singela – como uma flor que desabrocha em etapas, deve ser analisada em camadas para a melhor compreensão didática.

Neste capítulo será analisada apenas a primeira camada, com os elementos básicos, que são os sujeitos, o objeto e o vínculo.

Tais elementos serão aprofundados nos capítulos posteriores, após a apresentação dos alicerces que aqui serão expostos.

Vamos, portanto, analisá-los, começando pelos sujeitos.

4.1 Sujeitos Ativo E Passivo Da Relação Obrigacional

Os sujeitos correspondem às partes na relação obrigacional. Haverá, portanto, um polo ativo (credor) e um polo passivo (devedor). Cada polo poderá ser ocupado por um ou mais sujeitos, repercutindo em outros desmembramentos obrigacionais, a exemplo das obrigações solidárias, ou ainda das subjetivamente indivisíveis.

Por serem os atores de um fenômeno da dinâmica da circulação jurídica de riquezas, normalmente pode haver alteração (inclusive pela via da sucessão *inter vivos* ou *mortis causa*) de quem ocupa o papel de credor ou de devedor. Excepcionalmente, porém, isto não será permitido, ao menos de início, quando se tratar de obrigações personalíssimas (ex. prestação de alimentos), que vão requerer um cuidado maior no caso concreto para maior proteção dos envolvidos.

O **sujeito ativo** é o denominado **credor** da obrigação, sendo **quem pode exigir a prestação**; ou seja, o seu cumprimento.

Além disto – e esta característica é relevante sob o ponto de vista processual – é também titular de um interesse juridicamente tutelável.

Normalmente é uma (ou mais) pessoa(s), podendo ser natural ou jurídica, pública ou privada. Excepcionalmente, entes despersonalizados podem também ser sujeitos da relação obrigacional, como se ocorre com o condomínio edilício, o espólio e a massa falida.

O credor deve ser determinado ou ao menos determinável (conforme artigo 166, inciso III, do Código Civil). Será determinável, por exemplo, quando uma das pessoas credoras de indenização fruto de ação civil coletiva, sendo determinado, posteriormente, na fase de cumprimento (execução) da decisão judicial. Outra situação de provisória indeterminação é quanto ao credor de prestação advinda de direito sucessório, por ser herdeiro do espólio, pelo que será apenas determinado após a partilha.

Para que o pagamento pelo devedor tenha a tão almejada eficácia liberatória, é imprescindível que **o credor seja**

determinado até o cumprimento da prestação, com a satisfação da obrigação. Caso a situação de indeterminação persista, como será adiante visto, o devedor apenas se liberará através da consignação em pagamento.

Por outro lado, o **sujeito passivo** da obrigação é **quem assume o compromisso de cumprir a prestação**, sendo chamado de **devedor**. Assim como ocorre no caso do credor, **até o momento do cumprimento da prestação o devedor precisa ser determinado**.

4.2 Objetos Imediato E Mediato.

Recorrendo-se mais uma vez à analogia das camadas, as relações obrigacionais têm um objeto imediato e outro mediato.

O objeto **imediato é a prestação**, consistente em um dar (coisa certa ou incerta), fazer ou não fazer. Em alinhamento com o direito processual civil, consideramos também como hipótese distinta das demais a obrigação de pagar quantia em dinheiro, mas alertamos que isto não é aceito uniformemente pela doutrina.

Já o objeto **mediato** é o que está **por detrás da prestação**. Em uma obrigação de fazer consistente na construção de um muro é a empreitada; já em uma obrigação de não fazer consistente na não divulgação de um segredo, o objeto imediato é o tal segredo, sendo muito comum tal negociação nos chamados *non disclosure agreement* ("NDA", como apelidado no direito anglo-saxão, ou, na técnica e livre, "contrato de confidencialidade" ou "acordo de não divulgação"). Já em uma obrigação de dar é a coisa em si objeto da prestação, seja a entrega (ou ainda a restituição) do bem móvel, imóvel ou semovente.

Saliente-se que tanto o objeto mediato deve estar alinhado com o ordenamento jurídico, devendo ser previsto ou, ao menos, não podendo ser proibido, impossível ou indeterminado, como se exigem os requisitos dos negócios jurídicos, sob pena de nulidade. São exemplos de prestações nulas o contrato de prestação de serviços *ad eternum*, a disposição de partes essenciais e vitais do próprio corpo, ou as coisas fora do comércio (vender um terreno na lua, pro exemplo).

Utilizando-se uma técnica mais apurada, o mais adequado é associar o sentido do objeto da relação obrigacional a uma **prestação**; porque é adequado ao seu caráter pessoal e comportamental. Quanto ao objeto imediato, não é que não seja importante – até porque o é! – mas adentra-se nas situações de cumprimento defeituoso ou parcial das obrigações, com solução jurídica diversa e em algumas vezes mais singela, como, por exemplo, no denominado adimplemento substancial (também chamado de inadimplemento mínimo), adiante desenvolvido.

4.3 Vínculo Jurídico

O exame do vínculo jurídico que liga credor e devedor inicia-se por sua **causa**. Em alguns manuais, isto é trabalhado como "fontes das obrigações". Logo, a relação obrigacional pode ser surgir do ato ilícito (que tem como consequência o dever de indenizar), uma declaração unilateral (ex. promessa de recompensa) ou ainda de um contrato.

Em um segundo momento, a análise da natureza do vínculo traz importante consequência o eventual descumprimento da prestação, que faz surgir, ao mesmo tempo, a pretensão do credor e a fluência da prescrição. De acordo com o tipo de vínculo, haverá prazos prescricionais diferentes para satisfação da pretensão (três anos para ações indenizatórias em geral; um ano para indenizações securitárias não consumeristas; cinco anos para indenizações consumeristas...).

O vínculo, ademais, pode ser analisado sob três aspectos: o direito à prestação, o dever correlativo de prestar e a garantia.

O direito à prestação é o interesse juridicamente protegido para que o credor exerça a tutela de seu interesse, correspondendo ao dever jurídico do devedor de cumprir a prestação. Assim, o vínculo é assegurado pelo patrimônio do devedor, tomado no sentido econômico amplo ou mediante a concentração sobre certos bens susceptíveis de avaliação econômica.

Também é preciso compreender que o vínculo obrigacional é composto de dois elementos distintos, o **débito** (*Schuld*) e a **responsabilidade** (*Haftung*). Em síntese, o **débito se refere à prestação** à qual o devedor se obrigou; por outro lado, a **responsabilidade é a assunção das consequências em seu patrimônio pelo seu descumprimento**.

Existem, porém, obrigações cujo vínculo **ora terá apenas o débito, ora terá apenas a responsabilidade**.

No primeiro caso, quanto aos jogos e apostas, o ordenamento jurídico ora os proíbe expressamente (ex. cassinos); ora não os proíbe, mas também apenas os *tolera*. Este caso de aposta mais "inocente" seria, por exemplo, aquelas feitas nas brincadeiras do dia a dia, como terminar uma tarefa em um determinado prazo, ficar uma pessoa olhando para a outra pelo maior tempo possível sem piscar ou ainda ser vencedor no Banco Imobiliário.

Quando se diz que é um débito sem responsabilidade é porque **em havendo o pagamento, não poderá ser repetido (i.e., "devolvido")**, mas o credor não tem amparo no ordenamento jurídico para *exigir* do devedor o seu cumprimento. Uma demanda judicial eventualmente movida deverá ser extinta sem apreciação do mérito, por carência de ação na modalidade ausência de interesse processual. Embora o credor o seja, mas o ordenamento jurídico **não lhe confere pretensão processual**. A este **tipo de obrigação em que existe o débito mas não a responsabilidade,** a doutrina a denomina como **obrigação natural**.

A obrigação natural não é tratada diretamente pelo Código Civil, apenas o fazendo de forma reflexa, como se extrai da leitura do artigo 882, que diz: "Não se pode repetir o que se pagou para solver dívida prescrita, ou cumprir obrigação judicialmente inexigível".

Assim, aproveitando-se a própria menção expressa exemplificativa trazida pelo diploma civil, outro exemplo de obrigação natural é a dívida prescrita. Ou seja, se o devedor a pagar, não poderá exigir sua devolução – salvo, entendemos, ter sido induzido em erro, o que é um vício do consentimento – mas, o fazendo *sabendo* que está prescrita, estará paga, embora o credor nada pudesse fazer para cobrá-la. No mesmo sentido, o artigo 564, inciso III, do Código Civil, também estabelece que é irrevogável a doação feita para saldar obrigação natural.

É fundamental compreender que a obrigação natural difere da "obrigação moral". Neste caso, não há qualquer previsão de obrigatoriedade na legislação, como no ato de fazer doação de cestas básicas aos mais necessitados. Entretanto, a proteção jurídica conferida ao devedor é a mesma da obrigação natural, qual seja, a irrepetibilidade do pagamento.

Haveria, em sentido contrário, responsabilidade sem débito? De certo que sim e é até mesmo uma situação mais corriqueira que a primeira. O caso mais comum é a do fiador; este não tem qualquer débito junto ao credor, apenas **se responsabilizando, com o seu patrimônio, a saldar o débito *do* devedor**. Sendo responsável e não devedor, isto exige do credor da pretensão à prestação não paga um cuidado maior na cobrança, sabendo-se que ao fiador é puramente subsidiário, podendo tal situação importar em substituição ao chamamento da parte devedora inadimplente ao processo.

05 - A OBRIGAÇÃO CONSIDERADA COMO UM PROCESSO: SÍNTESE TEÓRICA.

Considerar a relação obrigacional não como uma situação jurídica estática, mas como um comportamento dinâmico, deve-se ao magistério da tese de Clóvis Veríssimo e Silva para obtenção da cadeira de Direito Civil da Faculdade de Direito da Universidade Federal do Rio Grande do Sul, em 1964. Portanto, apesar de sua longeva data, recentemente tem sido revisitada e prestigiada na academia jurídica como um pensamento inovador e grande importância para a realidade atual.

O desafio a que se propõe Clóvis Veríssimo é compreender a coesão científica dos cerca de setecentos artigos que regulavam as principais implicações do direito das obrigações, de acordo com o Código Civil de 1916, vigente à época, correspondendo a um terço de seu texto.

É devido ao magistério do prestigiado doutrinador que se pôde aferir a característica provisória das relações obrigacionais, em oposição aos direitos reais. Assim, a obrigação "nasce para morrer", e o seu encerramento normal e esperado é a satisfação dos interesses do credor, através do adimplemento integral da prestação, na quantidade, qualidade e forma combinadas.

Um dos exemplos trazidos está no instituto da solidariedade – a ser adiante explicitada – e o motivo pelo qual, em geral, encontra-se mais a solidariedade passiva (entre devedores) do que a ativa (entre credores). Isto ocorre porque quando um conjunto de dois ou mais devedores se responsabilizam pela dívida *toda* é para que o credor possa ter maiores garantias à satisfação da prestação.

Ademais, quando as obrigações são do tipo alternativo, em que mais de uma prestação se basta para satisfazer ao interesse do credor, o exercício de qualquer uma delas constitui-se em adimplemento. Assim, mais uma vez, o direito obrigacional oferece outro mecanismo para que o adimplemento ocorra. Ainda que a legislação tenha dado ao devedor o direito de escolha de qual das prestações deva ser cumprida, na impossibilidade do exercício de uma delas, subsistirá a outra, o que confere ao credor a probabilidade de ao menos 50% de ter o seu pagamento satisfeito.

O Código Civil ainda traz outros aspectos facilitadores do adimplemento, como na regra de que, salvo disposição em contrário, o pagamento se dá no domicílio do *devedor*. Com isto, evita-se qualquer tipo de escusa para que o devedor deixe de cumpri-la, como dificuldades no seu deslocamento; o credor já fica de logo encarregado de buscá-la.

A própria consignação em pagamento também é vista como sendo uma satisfação da obrigação; manejada pelo devedor para que se veja livre da prestação, significa que cabe ao credor decidir se quer ou não receber a prestação, tendo o devedor de tomar a iniciativa, de *agir*, para se livrar da prestação.

Em outro momento, o Código Civil determina que o valor da multa cominatória (por inadimplemento) não pode exceder o valor o principal. Neste modo, mais uma escusa é livrada ao devedor pelo ordenamento jurídico, para que cumpra com a prestação que prometeu.

Muito anteriormente às reformas na legislação processual civil ocorridas principalmente a partir do ano de 2006, ainda sobre o CPC de 1973, Clóvis do Couto e Silva já previa um diálogo entre o direito material e sua efetividade jurisdicional.

O próprio criador da teoria não desprezou a proteção existente ao devedor, hoje muito mais compreendida pela função social do contrato, mas seu propósito foi demostrar o *fluxo* obrigacional, voltado para o adimplemento das obrigações.

Muitos doutrinadores entendem que a teoria de Clóvis do Couto e Silva teria sido percebida tanto pelo legislador do Código Civil de 2002, como do próprio Código de Processo Civil de 2015, derrubando os muros entre os sistemas sem, contudo, retornar ao estado já ultrapassado de não reconhecimento da autonomia do direito processual.

Então, quando o leitor for questionado se entende o que é a obrigação como um processo, não se trata, evidentemente, de sua tutela jurisdicional, mas na percepção de que há um fluxo dinâmico que se origina no surgimento da relação obrigacional (a fonte de seu vínculo) e termina com o seu adimplemento.

06 – CLASSIFICAÇÃO DAS OBRIGAÇÕES

Como explicitamos linhas atrás, as obrigações precisam ser analisadas em camadas. Já tivemos a oportunidade de apresentar as noções gerais do objeto da obrigação, momento em que diferenciamos o objeto **imediato (a prestação)** e o objeto **mediato (a coisa ou a conduta específica de se fazer ou não fazer).** Neste momento, faz-se necessário classificar e compreender suas nuances em um nível um pouco mais avançado.

6.1 Quanto À Reciprocidade: Principal E Acessória

A **primeira classificação** das obrigações se refere à reciprocidade.

Assim, quanto à **reciprocidade**, as obrigações podem ser divididas, de um lado, em **principais ou essenciais** e, de outro, em **acessórias**.

A obrigação principal é aquela que tem existência própria, não tendo sua validade ou ainda sua eficácia atrelada a outra obrigação, sendo independentes.

Por outro lado, as obrigações acessórias se constituem em encargos ou garantias que reforçam o cumprimento de uma obrigação principal, cujos principais exemplos são a fiança e a multa contratual penitencial.

O mesmo destino verificado na relação entre bens principais e acessórios também ocorre com a distinção apontada: se extinta ou prescrita a obrigação principal, também será extinta ou prescrita a acessória.

6.2 Quanto À Finalidade: Meio E Resultado

Quanto à **finalidade**, a obrigação **de meio** é aquela que não se destina a um resultado específico, mas à sua fiel execução dentro da técnica e circunstâncias razoáveis, devendo sempre ser observada a boa-fé objetiva na conduta das partes.

O melhor exemplo está na contratação de serviços advocatícios ou em tratamento médico não estético – em ambos os casos, o profissional se compromete, com a melhor técnica que tem à disposição e diante das circunstâncias a executar a prestação possível. O advogado *não pode* garantir ao seu cliente que terá êxito na causa, bem como o médico *igualmente não pode garantir* ao seu paciente que estará completamente curado, sendo, tanto em um caso como no outro, tal tipo de promessa inclusive objeto de violação ético-profissional. O que tais profissionais se podem prometer é em dar o devido empenho na melhor execução dos serviços em prol de seu cliente.

Logo, o pagamento a tais profissionais é devido, ainda que o resultado almejado pelo cliente não seja o desejado, cumpridas as circunstâncias acima exemplificadas.

Por outro lado, as obrigações **de resultado** são aquelas em que se contrata um tipo de resultado pré-determinado, como na pintura de uma parede, edificação de um prédio ou aquisição de um automóvel. Caso o objetivo prestacional não seja cumprido, constata-se o inadimplemento.

No sentido oposto ao do quanto explicitado acima, nas obrigações de resultado, ainda que o devedor demonstre que empenhou todos os seus esforços, ressalvadas situações excepcionais (caso fortuito, força maior...), não entregando o prometido, restará inadimplente.

6.3 A Obrigação De Garantia

Como figura ora trazida nesta classificação finalística, ora em categoria própria, encontra-se a denominada **obrigação de garantia**.

Indubitavelmente é um tipo de obrigação acessória (como o seguro habitacional ou a fiança de uma locação), tendo o seu mesmo destino, mas sua especificidade estará na necessidade que se faz, em alguns casos, de celebração de contratação à parte, como no caso do seguro habitacional, assumindo certas características de obrigação autônoma.

Analisando-se um pouco do ponto de vista consumerista, já se considerou como "venda casada" a imposição de que o contratante seja compelido a contratar *determinado* seguro habitacional, não tendo a opção de buscar no mercado opções mais vantajosas.

6.4 Obrigações Puras E Impuras

Também as obrigações são classificadas, **quanto à eficácia**, em **puras** e **impuras**.

As obrigações **puras são aquelas que não dependem** da satisfação de elementos acessórios para que tenham eficácia, a exemplo do termo (prazo) ou condição.

No sentido contrário, as obrigações **impuras** são as que dependem de outros elementos acessórios do negócio jurídico para que possam ter eficácia, dividindo-se em **condicionais, modais ou a termo**.

O exame se encontra localizado na parte geral do Código Civil, em que, de acordo com o artigo 121, considera-se como **condição** a "cláusula que, derivando exclusivamente da vontade das partes, subordina o efeito do negócio jurídico **a evento futuro e incerto**". Já as obrigações **modais ou com encargo** são aquelas que, na forma do artigo 136, determinam o seu exercício a determinado tipo de cumprimento, ou a uma outra prestação acessória (p. ex., para receber uma doação, ser cuidado, até o fim de sua vida, de um animal de estimação). Por fim, as obrigações **a termo**, como reza o artigo 131 do Código Civil, **suspende o exercício**, mas não a aquisição do direito. O caso mais frequente é o da data de vencimento de um "boleto", que o torna o pagamento inexigível até a sua ocorrência.

6.5 Quanto Ao Conteúdo: Dar, Fazer E Não Fazer

Por fim, as obrigações, quanto ao **conteúdo**, dividem-se em **dar, fazer e não fazer**, cujas principais considerações faremos separadamente nos capítulos a seguir.

07 - A OBRIGAÇÃO DE DAR COISA CERTA

A obrigação de dar consiste na entrega de determinada coisa a alguém. Embora represente uma conduta positiva (um "fazer"), sua distinção serve para detectar e identificar seu adimplemento em razão da coisa (objeto mediato) que foi entregue.

Existe certa variação na doutrina quanto à sua subclassificação, mas os autores mais contemporâneos têm preferido não as dividir em apenas duas, mas três modalidades: dar coisa certa, restituir (coisa certa) e dar coisa incerta. Adotaremos esta abordagem.

Para Washington de Barros Monteiro, a coisa certa é um objeto preciso, em que se possa distinguir características próprias diante de outros da mesma espécie, que deve ser entregue pelo devedor ao credor, no tempo e modo devidos.

Dentre os denominados "modos devidos" podem ser lembrados os acessórios que dela fazem parte (art. 233 do Código Civil), ainda que não mencionados, salvo se o contrário resultar do título ou das circunstâncias do caso.

Para que seja considerada como *certa*, a coisa deve ser especificada, determinada e individualizada das demais, de modo suficiente, tendo a qualidade do bem o seu ponto mais importante.

Um dos pontos mais importantes das consequências de a obrigação ser convencionada como de coisa **certa** se refere a que solução deve ser aplicada no caso do **perecimento do objeto**.

Primeiro, é preciso entender que a prestação na obrigação da coisa certa é a **entrega da coisa corpórea**, o que se dá pela via da **tradição** (entrega física e material, com deslocamento da coisa da posse do devedor para o credor) para os bens **móveis** e pela **imissão na posse** ou **registro imobiliário** quanto aos bens **imóveis**, nos casos respectivamente, de mera concessão de posse (ex., contrato de locação) ou de transferência da propriedade imobiliária (ex. venda de um apartamento).

O acesso à coisa pelo credor tem *grande* importância para a aplicação da regra do *res perit domino*, ou seja, **"a coisa perece para o dono"**. E quem é o *dono* da coisa? É aquele que teve sua propriedade transferida pelo devedor, o que apenas ocorrerá, repita-se, **para os bens móveis, pela via da tradição** e, para os **bens imóveis, pela via do registro imobiliário**.

Consequentemente, é preciso também entender as consequências para os casos de **perecimento completo**, também chamado simplesmente por *perecimento* (ou **perda**) da coisa, bem como para o **perecimento parcial**, também chamado de **deterioração** da coisa. No primeiro caso, a coisa se perde por completo; é **irrecuperável**. No segundo, **a coisa ainda persiste**, **porém imperfeitamente para seu uso destinado**. Seguramente, além da frustração do credor, haverá de se consumir energia física, psíquica e, provavelmente, dinheiro se assim a desejar recuperar.

Combinado com a constatação de tal estado da coisa, é preciso saber **se o devedor teve ou não culpa**. Adianto que, em ambos os casos (**perecimento ou deterioração**), a existência de **culpa traz como consequência para o devedor o dever de compensar o credor a um pagamento de perdas e danos**.

Por outro lado, **não havendo culpa do devedor**, não há que se **pagar, acrescidamente, perdas e danos ao credor**.

Em alguns momentos, o Código Civil se refere ao inadimplemento **sem culpa** ao utilizar a expressão, na forma substantiva ou verbal, "resolver" ("fica resolvida", "resolver-se-á" etc.).

Isto quer dizer que, se o devedor **não tiver culpa**, deverá **devolver eventual pagamento que tenha eventualmente recebido pela coisa**, não mais precisando entregar o bem que se perdeu por completo ou parcialmente. Ficar com o dinheiro seria causa de enriquecimento ilícito, coibida pelo ordenamento jurídico. E, se não tiver recebido qualquer pagamento, livra-se de qualquer prestação de entrega do bem, como se a obrigação nunca tivesse ocorrido.

São exemplos de perda da coisa sem culpa do devedor o furto ou roubo da mesma, a morte do animal negociado, a destruição completa do imóvel por intempéries (um incêndio). Como não fez o devedor a transferência para o credor (pela via da tradição ou o registro imobiliário), o prejuízo por ele é suportado.

Com base nestas considerações, sugiro ao leitor examinar diretamente o conteúdo do artigo 234 do Código Civil.

Já no caso de **deterioração**, a coisa **ainda se presta para sua finalidade**, mas sofreu estragos que impedem o seu uso pleno. Neste caso, o artigo 235 do Código Civil trará **uma segunda solução**, que é **o credor aceitar a coisa e ter abatimento no preço**. Entendemos, porém, que muitas vezes esta segunda hipótese se constitui em **novação** – que será adiante trabalhada – porque é necessário que as partes entrem em acordo para avaliação dos danos e novo acerto do preço, o que apenas pode ser verificado *no caso concreto*.

Havendo culpa do devedor, aplica-se o artigo 236 do Código Civil. Assim, n o pagamento de perdas e danos pelo devedor, **acrescentar-se-á** a uma das duas possibilidades acima referenciadas: devolução do valor pelo desfazimento do negócio ou recebimento da coisa deteriorada com um abatimento no preço.

O caso concreto e a negociação das partes é que determinará qual será a solução econômica mais interessante às partes, podendo, muitas vezes, este arbitramento ser relegado a um terceiro, como um árbitro ou, obviamente, pelo juiz.

Existe uma outra situação, **oposta às anteriores**,

que é o **melhoramento da coisa antes da tradição**. Assim, tal melhoramento ocorreu quando a coisa **ainda estava no patrimônio do devedor**. Certamente que não seria justo que o devedor a entregasse pelo preço combinado anteriormente por um bem que se valorizou, mas também é preciso saber a quem se deve tal melhoria, considerando-se, seja num caso, como no outro, a **boa-fé** contratual.

São absolutamente distintas as situações em que uma vaca, negociada e vendida, acaba emprenhando-se antes da tradição – o que não tem qualquer culpa do devedor; ou no caso de uma promessa de venda de uma coisa que, dentro dos 30 dias para se assinar escritura pública e transferir a posse do imóvel, o devedor constrói uma piscina e assim pretende obter recuperação da valorização do comprador. No primeiro caso, não há, *a priori*, má-fé; no segundo caso, provavelmente sim.

Quanto aos frutos, o artigo 237 do Código Civil estabelece regra específica, determinando que os percebidos são do devedor, mas os pendentes são do credor. Isto se aplica com clareza aos alugueres de um imóvel vendido com inquilino ou ainda na venda de terras com um pomar, mas voltando-se ao exemplo da vaca acima, é preciso analisar o caso concreto e verificar se o futuro bezerro seria ou não um "fruto", para imperar esta regra. Mais uma vez, é preciso a razoabilidade do intérprete e a boa-fé das partes, para fins de permanência ou não do negócio jurídico.

08 – A OBRIGAÇÃO DE RESTITUIR COISA CERTA

Como dissemos no começo deste capítulo, filiamo-nos à corrente de examinar separadamente a obrigação de **restituição de coisa certa**.

Neste caso, o credor já é o dono da coisa, que a entrega a outrem visando recebê-la posteriormente, como em um contrato de depósito, locação ou comodato. É o sentido contrário da obrigação de *dar* coisa certa, porque o credor ainda não é o dono, mas tem a expectativa de sê-lo.

As maiores diferenças entre a obrigação de restituir para a de dar coisa certa estão, justamente, sobre a solução para as hipóteses de deterioração, perecimento e melhoramento.

No caso de **perecimento sem culpa** da coisa (ex., um aparelho de celular que foi emprestado para uso pessoal e é furtado na rua, retirado de dentro da bolsa da comodatária), haverá a **extinção da obrigação** com **perda para o credor da prestação de restituição**. Ou seja, no exemplo dado, quem emprestou o celular fica sem o mesmo, não podendo compelir a comodatária a lhe comprar um novo aparelho. Por outro lado, se as câmeras de segurança da via pública tiverem filmado a comodatária distraidamente falando ao telefone em um local de notória periculosidade (ex. no circuito do carnaval, parando para tirar uma *selfie*), deverá não apenas pagar ao comodante o valor do aparelho, **acrescida de perdas e danos**. Em uma situação concreta como esta, é muito usual que as perdas e danos sejam atribuídas à compra de um aparelho celular novo quando recebeu um usado, por exemplo.

Suponhamos, por outro lado, que o celular tenha sido alugado para a vítima do assalto, à razão de R$ 200,00 (duzentos) reais por mês e o sinistro tenha ocorrido exatamente na metade do mês. Neste caso, o artigo 238 do Código Civil disciplina que os "direitos até o dia da perda" serão assegurados ao credor. Logo, deverá a azarada locatária pagar ainda ao autor o valor de R$ 100,00 (cem reais). E, sendo a perda com culpa, além da compra de um aparelho, de uma multa compensatória (como dito no exemplo, diferença esta compensatória pela aquisição de um modelo atual no lugar de um usado), ainda terá de pagar os R$ 100,00 (cem reais) da locação.

Já quanto à **deterioração** (ou "perecimento parcial"), **sem culpa do devedor**, deverá ser restituído o bem no estado em que se encontre. Tomando-se como exemplo o celular, a mesma senhora foi empurrada em um tumulto e o aparelho caiu de suas mãos, trincando a tela.

Porém, embora rapidamente concluamos que no caso de haver culpa do possuidor/detentor da coisa, curiosamente o **Código Civil não traz uma solução!** Remete-se o artigo 240 ao 239, que trata do recebimento pelo credor da coisa do estado em que se encontre, equivalendo, em uma leitura mais apressada, as hipóteses da existência ou da inexistência da culpa quanto às consequências, de forma idêntica.

Entretanto, em uma análise mais detida, observa-se que, sim, há uma diferença quanto à existência de culpa na obrigação de restituir com a deterioração da coisa: é que não haveria para o credor a opção de enjeitar a própria coisa defeituosa, exigindo uma nova e ainda perdas e danos. Ele, sim, deve receber a coisa, mas terá direito a uma indenização compensatória.

Buscando solucionar a lacuna, o enunciado n. 15 da I Jornada de Direito Civil do Conselho da Justiça Federal deixou claro que o credor poderá receber tanto o equivalente e mais perdas e danos, ou a coisa deteriorada e as perdas e danos. O que **não pode ocorrer** é que o credor, dono da coisa, rejeite a mesma e somente aceitando uma nova.

Já quanto à hipótese de **melhoramento da coisa antes da restituição**, a investigação é um pouco mais delicada, porque é preciso apurar se houve ou não dispêndio de energia do devedor-possuidor sobre a coisa para tal melhoramento. Não havendo, a solução apriorística é a inexistência do direito de indenização, conforme artigo 241 do Código Civil. Se a vaca for emprestada e ficar prenha, o bezerro pertence ao credor, o proprietário da mesma. Mas isto apenas se aplica se não houve **qualquer trabalho ou participação do devedor no melhoramento**.

Isto porque, tendo havido trabalho ou dispêndio, a regra terá de obedecer ao regime de benfeitorias e frutos, conforme reza o artigo 242 do Código Civil, que expressamente chama atenção para a existência de boa ou má-fé das partes.

Precisamos, assim, nos remeter ao já estudado no volume do Direito sobre as Coisas, conforme artigos 1.214 a 1.220 do Código Civil.

Por isto, mais uma vez, defendemos o conhecimento deste departamento do direito civil *anteriormente* aos direitos obrigacionais. Por ora, a simples análise dos dispositivos se mostra suficiente para a adequada solução do caso concreto.

09 – A OBRIGAÇÃO DE DAR COISA INCERTA.

Considera-se como coisa incerta aquela que não s encontra perfeitamente individualizada, sendo apenas identificada em seu **gênero**, em sua quantidade e em aspectos gerais de sua qualidade.

O devedor obriga-se, portanto, a entregar ao credor determinada quantidade de coisas semelhantes de seu gênero, a exemplo de "doze sacas de café"; "dez resmas de papel", "um engradado vinho da uva *cabernet*".

Apesar de incerta, deve haver um grau minimamente razoável para sua identificação, como determina o artigo 243 do Código Civil, e harmonia com os requisitos do negócio jurídico, que determinam, quanto ao objeto, que o seja lícito, possível, determinado ou *determinável*.

Alguns doutrinadores têm divergência se a *marca* de uma coisa vendida no comércio seria um sinal distinto de coisa certa ou incerta. Então, utilizando-se o exemplo acima do papel, um escritório de advocacia fizer uma encomenda de dez resmas do papel da marca "Papel Bom". Entendemos que isto não retira a qualidade de *incerta* da coisa, pois se no estoque da papelaria tiver quinhentas resmas, basta que entregue dez delas para o cliente; a prestação, portanto, estará cumprida.

O que diferencia a coisa incerta da certa é o ato de **escolha** ou **concentração**. Assim, dentre um universo de coisas semelhantes quanto ao gênero, à quantidade escolhida e à qualidade (o que engloba até mesmo determinada marca), é incerta enquanto não for separado **determinado lote** ou uma **coisa em específico**.

Quando tratamos de bens imóveis, torna-se certa quando se escolhe a "unidade n. 204 da Torre A", quando comprado na planta; caso a mesma tenha sido reservada para outrem, a imobiliária terá deixado de cumprir a prestação, ainda que ofereça, por exemplo, "outra coisa, mais valiosa", como a cobertura da referida torre, no décimo quarto andar, que custa o dobro do valor da unidade supostamente reservada, mas pelo mesmo preço desta. Para que a entrega da referida unidade represente *quitação*, porque diversa da anteriormente escolhida, é preciso uma *repactuação* do negócio, o que se constitui na forma alternativa de pagamento denominada de *novação*.

Isso vale também para um determinado vestido de formatura já escolhido para locação e cujos ajustes já foram feitos no corpo da formanda ou ainda um automóvel já escolhido no pátio da concessionária. Quando tratamos de bens de menores valores pecuniários ou ainda de mais difícil distinção, é comum receberem uma "etiqueta de tombo", normalmente uma pequena placa de metal chumbada com um código de barras.

A obrigação ser certa ou incerta tem grande consequência, como visto, quanto ao adimplemento da prestação e, igualmente, na medida judicial a ser determinada para cumprimento forçado.

Por isto, no que tange à obrigação de coisa incerta existe o processo de **escolha ou concentração**, previsto no artigo 244, que caberá, salvo disposição em contrário, ao **devedor** (quem deve entregar a coisa), que não poderá entregar nem a pior, nem tem o dever escolher a "melhor"; basta ficar na "média".

Feita a escolha, a coisa incerta se torna certa e, com isto, os dispositivos a esta aplicáveis.

Embora seja muito comum que a escolha ocorra no ato

da entrega do bem – como em compras feitas pela modalidade *delivery* – pode haver a concentração em momento anterior, quando, em termos práticos, o supermercado pede para seu cliente escolher, entre as diversas unidades de laranjas, através de fotografia, aquelas que foram assim selecionadas porque mais verdes, mais maduras, maiores, menores, com menos manchas etc. Ou ainda, em situação muito trivial, quando se vai fazer um lanche, escolhendo o pastel da vitrine que mais agrada ao credor, que, na sequência, será aquecido e lhe entregue.

Quanto ao regramento do perecimento, deterioração ou melhoramento, o artigo 246 é muito objetivo e até mesmo implacável para o devedor: "antes da escolha, não poderá o devedor alegar perda ou deterioração da coisa, ainda que por força maior ou caso fortuito". Está é a consequência do brocardo jurídico de que o **gênero não perece**.

Observa-se que o Código Civil preferiu adotar, para a entrega de coisa incerta, a **responsabilidade integral** do devedor, **independentemente de culpa**. Portanto, é de interesse do devedor *livrar-se* o quanto antes da coisa incerta, porque pactuado o negócio, não poderá depois de firmado, alegar que "tinha, mas acabou", sob pena de ter de compensar o credor em perdas e danos.

Chama-se atenção que tal regime, bastante duro e objetivo – reconheçamos – para o devedor, embora lembre muito o que o senso comum já incorporou sobre as relações de consumo, já é trabalhado dentro da perspectiva *civil*, quando o devedor não é fornecedor, mas uma pessoa (física ou jurídica) que não habitualmente sobrevive deste comércio jurídico. O que o Código de Defesa do Consumidor faz é trazer mais outras tantas garantias para o consumidor, o que será visto em estudo próprio sobre o tema.

10 – A OBRIGAÇÃO DE FAZER

A obrigação de **fazer** deve ser estudada **de forma residual à obrigação de dar**. Analisa-se, no caso concreto, se o elemento preponderante é a entrega de coisa (ainda que incerta) ou se as coisas eventualmente empregadas fazem parte de determinada conduta humana contratada.

Em situações diametralmente opostas, não é difícil compreende o que representa a obrigação de fazer: é muito claro compreender que se um pintor é contratado para pintar um retrato de uma pessoa, que a tela e os fragmentos de tinta utilizados são coisas, mas o elemento preponderante é o uso da energia, do talento e do tempo disponível do pintor.

A petição impressa em papel levada pelo advogado é um fragmento do trabalho plasmado materialmente, mas, indubitavelmente, não se pagou pelo "papel e tinta", mas pelo conteúdo lá lançado. Existem, por sinal, diversas anedotas jurídicas contadas em que grandes juristas, quando dão seu parecer escrito em um caso concreto, visando influenciar os julgadores, não cobram nada pelo estudo em si, mas pela assinatura lançada no documento...

É preciso saber qual foi o exato objeto da contratação. Tomemos, por exemplo, o caso do contrato de empreitada. O artigo 610 do Código Civil e seu parágrafo primeiro são de clareza solar para diferenciar quando a contratação é pela via da prestação de fazer e/ou de dar:

Diz o Código Civil: "Art. 610. O empreiteiro de uma obra pode contribuir para ela **só com seu trabalho ou com ele e os materiais**. § 1º. **A obrigação de fornecer os materiais não se presume**; resulta da lei ou da vontade das partes". [Os grifos são nossos]".

Mesmo assim, não nem harmonia e nem coesão quando são utilizados os conceitos obrigacionais em outros ramos, a exemplo do Direito Tributário. É curioso, quando se estuda esta matéria, descobrir que para *restaurantes*, que indubitavelmente se trabalha com *serviços*, o imposto incidente é justamente o ICMS, de forma indistinta à venda de mercadoria. Trata-se de um problema que os manuais da área podem tentar explicar melhor do que no objeto desta nossa disciplina.

Outro aspecto muito relevante nas obrigações de fazer é saber se a prestação é personalíssima (*intuitu personae*) ou se impessoal. Contratou-se "um cantor para animar a formatura" ou "o cantor João da Silva"? Isto deve vir claro na negociação entre as partes.

E, face à impossibilidade de, na obrigação de fazer personalíssima, compelir o devedor a cumprir a prestação "debaixo de vara", o seu descumprimento somente pode ter como destino final a conversão em perdas e danos, como determina o artigo 247 do Código Civil, *embora* outros instrumentos coercitivos processuais, como a multa diária (*astreintes*), possam ser aplicados conjunta ou separadamente.

O que **não se permite** é o uso de força policial para compelir o devedor de obrigação de fazer personalíssima a cumpri-la; no limite, seu descumprimento é transformado em obrigação de pagar.

Sendo, por outro lado, a obrigação de fazer genérica ou impessoal, surge, até mesmo para fins de autotutela, que o credor contrate terceiros, que a execute, às custas do devedor (art. 249, Código Civil). É o caso da contratação de um serviço de reforma ou pintura de imóveis, de manutenção de computadores, de conserto de um veículo. O que se quer é o serviço devidamente prestado; por quem, não interessa! Basta ser alguém que consiga **entregar** o serviço.

Entretanto, reforçamos, por cuidado, que esta possibilidade não é facultada ao credor se a obrigação de fazer for personalíssima, apenas restando ou a sua conversão final em prestação indenizatória de perdas e danos, ou, em uma via intermediária, compelir via multa diária o devedor a fazê-lo.

Há também um certo relacionamento – embora levemos isto de forma tão radical – entre a obrigação de resultado, *em geral*, ser de cunho impessoal e a obrigação de meio ser, *em geral*, de cunho personalíssimo, em razão de ser um **elemento essencial** do negócio jurídico a escolha de determinado devedor para cumpri-la. Quando falamos *em geral* é porque queremos ser didáticos sob um ângulo meramente estatístico; isto porque, quando se contrata um determinado cirurgião plástico para executar rinoplastia (uma obrigação de **resultado**), esta mesma também será, ao contrário de nossa tentativa de aproximação entre os institutos, também personalíssima.

Também na obrigação de fazer há a distinção entre a existência de culpa do devedor ou da ausência de culpa. Se um determinado cantor foi contratado para apresentar-se em um casamento e é internado às pressas com apendicite, culpa alguma o teve: a obrigação fica resolvida (art. 248, Código Civil). Se recebeu algum valor, este deverá ser devolvido ao seu contratante; se não o recebeu, nada o receberá, sem qualquer acréscimo.

Entretanto, se o cantor se ausenta porque houve choque de agenda com outro compromisso, ou ainda porque, simplesmente, não estava suficientemente inspirado no dia, além de não receber o pagamento do serviço (ou de devolvê-lo), terá ainda de indenizar seu contratante em perdas e danos (art. 247, Código Civil).

Também é possível articular o raciocínio da culpa e da ausência de culpa para as obrigações impessoais, pelo que, quando o credor não tem cumprida a prestação, nada deverá ao devedor de obrigação de fazer, abrindo-lhe ainda a possibilidade já aqui aventada de mandar executar a prestação às suas custas. O acréscimo da indenização por culpa se deverá à comprovação ou não desta.

Apenas a título de cuidado, é preciso alertar o leitor de que a autotutela – portanto, independentemente de ordem judicial – **somente é autorizada pela legislação em caso de urgência**. Para tanto, recomendamos a leitura do artigo 249 do Código Civil.

Na dúvida, é recomendável que o credor busque a adequada tutela jurisdicional, ainda que formulando pedido de antecipação de seus efeitos (a "liminar"), sob pena de não o reembolso posteriormente garantido pelo requisito *urgência* não se revelar claro e evidente.

11 – A OBRIGAÇÃO DE NÃO FAZER

Inicialmente, é preciso diferenciarmos a obrigação de não fazer o *dever* de abstenção que existe dentro de uma sociedade organizada em um ordenamento jurídico.

Os deveres de abstenção existem fora do direito civil, como na previsão de várias condutas criminais (ex., no homicídio, embora se diga no art. 121 do Código Penal "matar alguém", em verdade traz o dever de "não mates alguém"), ou, ainda, no direito civil, como na área de família, como o não abandono afetivo dos filhos, bem como nos direitos sobre as coisas, como já visto no volume próprio nos temas de depósito, servidão e direitos de vizinhança, aos quais recomendamos o leitor a consultar ou rememorar tais regulações.

No campo *específico* do direito das obrigações, temos condutas de abstenção, com reflexos patrimoniais e pessoais diretos. Exige-se, portanto, do devedor uma **omissão**, que caso desrespeitada, traz consequências patrimoniais.

A obrigação de não fazer é classificada pela doutrina como **permanente** – aquela que, uma vez feita, pode ser *desfeita*, como a construção de um muro – ou em **instantânea**, que não pode ser desfeita (ex. a revelação de um segredo pessoal ou empresarial). Em termos práticos, o devedor **permanece adimplente** enquanto se mantêm em estado de abstenção; torna-se inadimplente quando age.

Se a conduta praticada não tiver como ser desfeita, a solução é apenas uma: conversão em perdas e danos, **dispensável se tiver ocorrido sem culpa sua**, conforme artigo 250 do Código Civil. Tomando como exemplo o "NDA" (*non disclosure agreement*) ou "contrato de confidencialidade", se o segredo revelado não for por culpa do devedor (p. ex. empregado ou ex-empregado de uma indústria ou o segurança particular de uma celebridade), mas porque um *hacker* invadiu o aparelho de celular, nada terá de indenizar ao credor (situando-se no campo do fortuito); a *contrário sensu*, tendo culpa, a solução será apenas a indenização pecuniária, podendo ser prevista alguma outra acessória (ex. "pedido de desculpas") no instrumento contratual.

Se a obrigação for de não fazer *permanente*, uma vez praticada a conduta proibida, o devedor poderá ser compelido a *desfazê-la*, aplicando-se, neste caso concreto, o regramento das obrigações de *fazer*, a exemplo de multa diária para demolição do muro, sem prejuízo de outras implicações indenizatórias a título de perdas e danos em razão da culpa.

12 – OBRIGAÇÕES CUMULATIVAS, ALTERNATIVAS E FACULTATIVAS

É bastante comum que o devedor se obrigue a não apenas uma, mas a mais de uma prestação junto ao credor, ora considerando-se quitada a obrigação quando todas forem cumpridas, ora quando uma ou outra for cumprida. Assim, precisamos estudar as obrigações **cumulativas**, as **alternativas** e as **facultativas**.

12.1 Obrigações Cumulativas

A obrigação **cumulativa** (ou conjuntiva) é aquela em que, em um **mesmo vínculo**, o devedor se comprometa a cumprir **mais de uma prestação**, todas *principais*, apenas ficando livre quando o conjunto integralmente estiver quitado.

É o caso do contrato de empreitada, em que o construtor se obriga a realizar, dentro da obra, os seguintes serviços, por exemplo: terraplanagem do terreno, edificação da estrutura e pintura interna das unidades imobiliárias. Ou ainda, no caso de um cerimonial, os serviços de organização da lista de convidados, organização das mesas, fornecimento das refeições etc.

Como um *mesmo vínculo* liga o devedor ao credor em *múltiplas* prestações, estas podem ser de espécies diversas: dar, fazer, não fazer, dar coisa certa etc., como, sobre cada uma, se descumprida, sofrendo o devedor as consequências de seu ato (culposo ou não, para cada uma delas).

Há situações em que é possível identificar (quantificar) o prejuízo para cada prestação; em outras, toma-se de forma conjuntiva, por razões práticas ou até mesmo por razoabilidade ou previsão contratual, muitas vezes isto sendo levando ao arbitramento judicial. Como saber, por exemplo, se um serviço de cerimonial prestado em sua quase inteireza apenas falhou no fornecimento de alimentos a 5% dos convidados e como isto pode ser medido em danos materiais e morais para os noivos? As soluções práticas disto nem sempre podem ser percebidas de maneira uniforme para todos os casos.

12.2 Obrigações Alternativas

Já as obrigações ditas **alternativas** (ou **disjuntivas**) são aquelas em que o devedor se obriga por uma prestação **ou** outra(s); de modo de que escolha pela execução de uma implica a exclusão da(s) outra(s), conforme artigo 252 do Código Civil.

Da mesma forma que no processo de concentração das obrigações de dar coisa *incerta*, a escolha, em geral, cabe ao devedor; **caso não haja** disposição contrária e expressa.

Sendo, por outro lado, o contrato de prestações periódicas (de trato sucessivo, portanto), sendo alternativa, a escolha pode se dar no cumprimento de *cada* prestação. Imagine-se, a título de exemplo, a contratação de um empresário na área de refeições para fornecer o almoço de empregos de um estabelecimento: é possível que, diante de um rol de dez opções possíveis, tenha de disponibilizar três por dia. Imaginemos, por exemplo, que o fornecedor se obrigue a escolher três opções das dez de seu cardápio (conforme artigo 252), recebendo os pedidos até as 11h da manhã do estabelecimento cliente, para seus empregados.

Um traço relevante nas obrigações alternativas é a **redução das possibilidades de inexecução não culposa** por parte do devedor. Isto porque, o artigo 253 determina que caso uma prestação se torne inexequível pelo seu perecimento ou impossibilidade (no caso do fornecedor de alimentos acima, por exemplo, faltar no cardápio do dia a opção de bife acebolado), deverá substitui-la pelas outras prestações. É claro que no caso concreto a apuração de culpa se torna possível; são e devem ser diversas as soluções quando o fornecedor se "esqueceu" de encomendar carne para fazer os bifes, o que é distinto de, por razões sanitárias, haver falta de carne junto aos frigoríficos locais.

Um detalhe importante é que no caso de **impossibilidade culposa** do cumprimento da prestação **pelo devedor**, ao contrário do que possa parecer, a **escolha passará a ser do credor** (art. 255, Código Civil, primeira parte). Então, faltando bife porque se esqueceu de comprar, deve consultar seu cliente a fim de saber que outra terceira opção será de seu interesse.

O Código Civil ainda traz a previsão, no artigo 256, de **todas as prestações se tornarem impossíveis, sem culpa do devedor**. Imaginemos, por exemplo, o bloqueio de estradas e ruas em *lockdown*, como na pandemia do COVID-19 de 2020. Assim, a obrigação fica resolvida; o devedor não precisa cumprir a prestação, mas também nada recebe em pagamento por ela (se recebeu, tem de devolver ao credor).

Uma *sutil* diferença está na impossibilidade, por culta do devedor, do cumprimento de *todas* as prestações. Suponhamos que tenha perdido as chaves do restaurante industrial e que não dê mais tempo de fornecer as refeições naquele dia, qualquer que seja o caso. O Código, para isto, prevê **duas soluções: se a escolha cabia ao devedor,** calcula-se o prejuízo sobre a **última que pereceu** (art. 254); **cabendo-se a escolha ao credor**, o prejuízo é calculado **sobre a que preferiria** (art. 255). Em **ambos casos**, haverá o acréscimo de perdas e danos.

Em prestações muito miúdas, consideramos difícil, sob o ponto de vista prático, que a parte a quem cabia a escolha faça muita questão da fórmula acima determinada. Entretanto, suponhamos que no mesmo restaurante, naquele dia em especial, seria fornecido, pela escolha do cliente, um prato mais caro, pelo mesmo preço dos anteriores. Certamente, em uma situação como esta, faria questão de aplicar a norma; em outros casos, talvez o custo para que seja realizado tal cálculo (p. ex., o tempo para levantamento de provas ou uma eventual perícia) seja demasiadamente oneroso, pelo que o magistrado poderá optar por uma aplicação razoável.

Uma situação *não prevista* no Código Civil, mas lembrada por Sílvio Venosa, é a da retratabilidade da escolha e sua consequência. Suponhamos que tenha se esquecido do prato especial daquele cardápio do dia e que, visando corrigir o erro, prepare um prato tão bom (ou superior!) ao anterior, estaria ele cumprindo adequadamente a prestação?

Na opinião de Venosa, à qual nos filiamos, tal retratação somente seria possível por um *erro escusável* (ex., o gerente do estabelecimento enviou uma mensagem de *whatsapp* no dia anterior, à noite, pedindo o prazo especial, o que teria sido aceito pelo responsável na empresa fornecedora que toma os pedidos, mas não repassado a tempo para a cozinha). Neste caso, pela falta de previsão legal, é preciso adotar a razoabilidade e a boa-fé objetiva.

12.3 Obrigação Facultativa

A obrigação facultativa diferencia-se da alternativa porque, diferentemente desta, **há a combinação expressa de uma ordem de preferência de prestações**. Por este motivo, a obrigação facultativa também é chamada pela doutrina de **subsidiária**.

O Código Civil brasileiro *não* trata especificamente do tema, além de usar a expressão "facultativa" inclusive no regramento das obrigações alternativas.

Outro detalhe importante é que a obrigação facultativa **apenas tem sentido se pactuada em benefício do devedor**; isto porque, se a escolha pertencer ao credor, em verdade teremos diante uma obrigação alternativa.

É a obrigação facultativa uma modalidade para permitir uma maior probabilidade de adimplemento da prestação ao credor. É a *escolha de reserva*. No mesmo caso acima do fornecedor de alimentos, representaria uma obrigação facultativa se existisse uma cláusula na qual se dissesse "na ausência de ou indisponibilidade alguma das refeições escolhidas, o fornecedor poderá, em seu lugar, entregar bife, com feijão, arroz, salada e batata-frita".

Embora não prevista na legislação civil, no direito processual é bastante conhecida a figura do *pedido subsidiário*, pelo que, ainda que na via de analogia, pode ser aplicado o seu sistema nos negócios jurídicos firmados entre as partes para fins de prestação facultativa.

13 – OBRIGAÇÕES DIVISÍVEIS E INDIVISÍVEIS

As obrigações são consideradas **divisíveis** quando seu **objeto _mediato_** (a coisa ou o _fazer_) puder ser dividido, sem que, assim, pereça (total ou parcialmente) ou não cumpra ao seu propósito (art. 257 do Código Civil). São, por outro lado, **indivisíveis** aquelas no sentido oposto (art. 258).

Adentrando-se diretamente na _importância_ de tal classificação, a mesma só tem sentido se houver **pluralidade de credores e/ou devedores**; não há qualquer relevância prático-jurídica para o seu estudo em caso de unicidade do polo ativo e do passivo.

A solução jurídica mais elementar é a trazida pelo artigo 257 do Código Civil: sendo a obrigação divisível e **havendo pluralidade de credores e/ou devedores, as prestações são consideradas divididas em tanto quantos forem eles**.

É claro que muitas vezes, embora _materialmente_ o objeto mediato da prestação seja até mesmo divisível, as partes podem convencionar que será prestado em um conjunto unitário, o que a torna indivisível.

Logo, o estado de indivisão pode decorrer da natureza (ex. um automóvel, que não pode ser vendido peça por peça), de imposição legal (ex. a universalidade de direito, como a sucessão aberta) ou por vontade das partes (ex., a universalidade de fato, como a negociação de todo o acervo de uma biblioteca ao invés de exemplares ou coleções avulsas).

Um alerta relevante é que, como veremos adiante, *diferentemente do que ocorre na* **solidariedade**, o **estado de indivisão desaparece se o conjunto prestacional for convertido em perdas e danos** (art. 263, do Código Civil). Então, se a prestação era de dar coisa certa (ex., um veículo) e o mesmo perece, o seu valor é divisível e, assim, pode ser pago separadamente se forem múltiplos os devedores e/ou se múltiplos os credores.

Existe **ponto de semelhança entre as obrigações indivisíveis e as solidárias** (considerando-se que o estado de indivisão são é puramente natural, mas sim **contratual ou legal**): é que sendo mais de um devedor, **cada qual é responsável pela dívida toda** (art. 259 do Código Civil). E, além disto, o **devedor que, sozinho, paga a dívida das cotas-partes dos demais, sub-roga-se do direito de credor em relação aos coobrigados**.

Porém, se, em a obrigação for indivisível, a **pluralidade for de credores**, **a solução jurídica em comparação com a solidariedade (ativa) é diversa**. Assim, embora cada credor – tal qual como na solidariedade ativa – possa exigir o pagamento integral da dívida, **na obrigação indivisível o devedor (ou devedores) somente se desobriga(m)** se fizer o pagamento **a todos os credores, conjuntamente** ou, **a um** se este der **caução de ratificação dos outros credores**. (Art. 260, Código Civil).

Assim, se pagar a somente um dos credores e não obtiver a referida caução de retificação, *ainda* ficará vinculado aos demais. A única solução possível para recuperar seu prejuízo é mover ação de restituição contra o credor que recebeu por inteiro com fundamento no enriquecimento seu causa; mas, em termos práticos, este devedor descuidado ainda poderá, anteriormente ou em paralelo, sofrer ação de cobrança dos demais credores, sendo uma enorme dor-de-cabeça para ele...

Ainda – e considerando ter havido a referida caução –

cada um dos cocredores somente poderá buscar do que recebeu a prestação por inteiro a parte que lhe caiba no total (art. 261 do Código Civil).

Por, na obrigação indivisível, o credor que perdoar, transacionar, novar (repactuar) com o devedor de prestação indivisível, além de outros casos (ex. compensação, confusão...), o **devedor ainda terá de pagar aos demais as cotas proporcionais**, descontada aquela objeto do negócio com aquele credor.

Não pagando espontaneamente o devedor as cotas-parte ao demais credores – talvez por acreditar ter recebido quitação integral – os demais cocredores **poderão cobrar o restante da dívida**, que, sendo a indivisão contratual ou legal, **permanece para o restante da prestação**.

O alerta a que deve ser feito é que embora haja o tal desconto da cota-parte do credor que, por exemplo, perdoa o devedor, o estado de indivisão ainda reside para o conjunto remanescente da prestação, para que o leitor não se equivoque, acreditando que teria se transformado em obrigação divisível, com cada credor buscando o seu quinhão.

Adiante, no estudo da solidariedade, alguns esclarecimentos comparativos poderão ser feitos para melhor compreensão do tema.

14 – A OBRIGAÇÃO SOLIDÁRIA E A SOLIDARIEDADE ATIVA.

14.1 A Solidariedade Obrigacional

No capítulo anterior analisamos a invisibilidade obrigacional, restando explicitado que se referem ao seu conteúdo; qual seja, o objeto da prestação.

No presente capítulo iremos examinar a solidariedade, que é um tipo de vínculo específico para as chamadas **obrigações conjuntivas**.

As obrigações conjuntivas são aquelas em que o polo credor, o polo devedor - ou ambos - possuem mais de uma pessoa. Também podem ser chamadas de obrigações plurais, múltiplas ou complexas. E, por fim, o oposto das obrigações conjuntivas são as denominadas **obrigações singulares**, em que, no sentido contrário, ambos os polos (credor e devedor), cada um, é formado por apenas uma única pessoa.

A indivisibilidade do objeto da obrigação ganha especial relevância quando diante da configuração conjuntiva, de modo que analisamos como ficam as soluções para a multiplicidade de credores e de devedores.

Entretanto, há um tipo especial de conjuntividade obrigacional, que é a **solidariedade**. Assim, somente se pode cogitar falar em solidariedade obrigacional quando em configuração conjuntiva.

Antes de se passar à análise das obrigações solidárias, é preciso lembrar da principal regra relativa às conjuntivas de objeto divisível, presente no artigo 257 do Código Civil: **havendo mais de um devedor ou mais de um credor, a prestação se presume dividida, de forma igual, salvo disposição em contrário, tantos quantos forem os credores e/ou devedores**.

Por isto é que a **solidariedade é uma exceção**, devendo vir expressa ou na lei ou nos negócios jurídicos, **nunca se presumindo** (art. 265 do Código Civil).

Além disto, embora possa existir tanto a solidariedade ativa como a passiva, o ordenamento jurídico confere maior importância a esta, justamente por ser a mais relevante para que haja o adimplemento da obrigação.

Por fim, na localização *topológica* da estrutura da relação obrigacional, as obrigações solidárias se referem ao elemento **responsabilidade (*haftung*)** pelo pagamento; não ao *débito* em sentido estrito. Esta consideração terá **fundamental importância no exame – adiante – da renúncia à solidariedade e na remissão de algum(ns) do(s) devedor(es) solidários**.

14.2 A solidariedade ativa.

A solidariedade ativa é analisada sob duas perspectivas: externa e interna. Na perspectiva externa, estuda-se a relação dos credores solidários para com o(s) devedor(es), solidários ou não; já na perspectiva interna, analisa-se a relação dos credores entre si.

Primeiramente, havendo solidariedade ativa, se um

credor (solidário) receber o pagamento da prestação, a dívida é extinta para todos os credores, no montante em que foi paga (art. 267, Código Civil). Assim, por exemplo, se três credores forem solidários em uma prestação de R$ 600,00 (seiscentos reais) e um deles receber o pagamento do devedor de R$ 400,00 (quatrocentos reais), o devedor somente precisará pagar R$ 200,00 (duzentos reais).

Diferentemente do que ocorre com a indivisibilidade – do objeto, lembremos disto! – o **credor solidário não precisa dar caução de ratificação dos demais credores**. O devedor pode pagar a qualquer um deles, à sua escolha (art. 268, Código Civil).

O devedor deve tomar cuidado apenas se tiver **sido interpelado judicialmente ao pagamento**. É que, como qualquer um dos credores pode receber a prestação e, consequentemente, cobrá-la, se apenas um deles demandar o devedor em juízo, este somente poderá pagar ao credor-autor da ação. Portanto, se ignorar a ação judicial e "pagar por fora" aos credores solidários eventualmente não coautores da ação (ou na linguagem processual, que tenham optado por não integrar um litisconsórcio, que será ativo e facultativo), terá feito um "mau pagamento", devendo saldar a cobrança judicial para, somente depois, tentar buscar o reembolso em razão da proibição do enriquecimento sem causa que existe no ordenamento jurídico. Mais uma vez, o devedor poderá ter uma "dor-de-cabeça" por não respeitar uma regrinha básica.

Em resumo: não havendo ação judicial de cobrança, pode pagar a qualquer um dos credores solidários, não sendo necessária a caução de ratificação do que recebe o pagamento; havendo demanda judicial, tem de pagar ao credor autor da ação.

Agora, sob a **perspectiva interna** (relação entre os credores solidários), é preciso saber que **o devedor, tendo feito o pagamento integral da prestação, a qualquer dos credores solidários ("amigavelmente, sem ter sido processado judicialmente), estará liberado**. Logo, o credor que recebeu a prestação deverá prestar contas junto aos demais cocredores, na quota-parte que ficou estabelecida para cada um – que pode ser igual ou proporcionalmente desigual.

Assim, pode ocorrer de uma dívida de R$ 300,00 (trezentos reais) de cujos credores são três credores solidários, *aparentemente* ter como cota-parte de cada um R$ 100,00 (cem reais). **Não interessa ao devedor** apurar isto; deve pagar R$ 300,00 (trezentos reais), podendo fazê-lo integralmente a um deles, ou então R$ 250,00 (duzentos e cinquenta reais) a um, R$ 50,00 (cinquenta reais) a outro e nada a um terceiro... cabe ao devedor pagar o valor total da prestação, apenas isto!

Posteriormente é que o credor solidário irá acertar com os seus pares, sendo que ocorrer, por exemplo, de um ter direito a R$ 298,00 (duzentos e noventa e oito reais) e cada um dos outros dois, apenas um real... isto é problema a ser resolvido entre os credores.

Uma situação que também deve ser considerado é o caso de remi**ss**ão ("perdão") da dívida e é aí que a situação fica interessante. Sendo o débito de R$ 300,00 (trezentos reais), o credor solidário vai perdoar tanto quanto quiser ao devedor, seja de um centavo até o valor total da dívida. Para o devedor, não importa o acerto; é como se o credor solidário fosse um "procurador" dos demais. O problema é que o credor que perdoa a dívida do devedor ainda terá de se acertar com os demais cocredores, sendo que o seu ato "humanitário" pode representar até mesmo um duplo prejuízo: deixar de receber o valor e ainda ter de pagar algo aos seus colegas (ver artigo 272 do Código Civil).

14.2 A Solidariedade Passiva (Aspectos Gerais)

Diversamente da solidariedade ativa, que visa proteger o devedor, a **solidariedade passiva** é muito mais frequente, porque visa **proteger o credor**. Bem da verdade, muitas vezes o credor somente concorda em contratar com o devedor (no caso de negócios jurídicos) se, e somente se, houver devedores solidários.

Também na solidariedade passiva haverá uma relação interna (quota da dívida para cada um dos codevedores) e uma relação externa, que é a comunhão de todos à prestação do credor. Assim, pode o credor cobrar a prestação de qualquer dos devedores solidários, como dispõe o artigo 275 do Código Civil.

Na mesma lógica que ocorre na solidariedade ativa, o pagamento feito por um dos devedores solidários aproveita aos demais, ainda que inferior à sua cota – o que somente interessa na relação interna, obviamente; ao credor o que importa é que a dívida foi *paga*, ainda que parcialmente, não lhe interessando saber como os devedores vão resolver isto entre si.

No sentido contrário, se o devedor pagar ao credor *além* de sua cota-parte (convencionada na relação interna), poderá reembolsar-se dos demais em relação ao excesso.

15 – A SOLIDARIEDADE PASSIVA E SUAS PRINCIPAIS DISTINÇÕES E CONTROVÉRSIAS

15.1 Introdução

No capítulo anterior analisamos a solidariedade obrigacional como um todo. Entretanto, a solidariedade **passiva**, embora apresentada já apresentada em suas linhas gerais e nos pontos de contato com a ativa, traz diversos problemas jurídicos específicos, que optamos, por razões didáticas, agrupá-los neste capítulo separado. Vamos a eles!

15.2 Conversão Da Prestação Na Modalidade Pecuniária

Uma diferença da solidariedade para a obrigação (de

prestação) indivisível é a **solidariedade persiste mesmo se a prestação for convertida em pecuniária**. Então, se três pessoas ficaram solidariamente responsáveis por vender um veículo a um credor e este for destruído, o valor equivalente do carro – suponhamos, R$ 30.000,00 (trinta mil reais) – continua devido pelos três.

Apesar de, aparentemente, todos os devedores solidários terem o mesmo grau de responsabilidade perante o credor, observa-se que a legislação, em alguns casos, trouxe **consequências específicas para certos devedores solidários**, a depender da conduta dos envolvidos.

O primeiro caso se refere aos **juros de mora**. Se um devedor solidário for interpelado pelo pagamento não este não for feito, **correrão os juros contra todos os devedores solidários**. Entretanto, a norma **excepciona a situação do devedor que "deu causa" à mora** (art. 280 do Código Civil), que arcará sozinho com os juros.

Seria uma situação da seguinte forma: três devedores solidários têm uma dívida de R$ 300,00 (trezentos reais) junto a um credor; este, por sua vez, interpela (extra ou judicialmente) apenas o devedor "D1". Tendo isto ocorrido, *hipoteticamente* tanto "D2" quanto "D3" *também* respondem pelos juros; entretanto, é preciso que "D1" tenha *avisado* aos seus colegas sobre a cobrança! Se não tiver feito, assumiu o risco da mora – de repente, "D1" até poderia não ter sequer o dinheiro de sua parte, mas isto ser coberto, pelos três, integralmente por "D2".

Quando "D1" nada faz diante da cobrança, está automaticamente assumindo o risco da mora e, por isto, o legislador compreendeu que é ele que deverá **repor os outros** pelos juros moratórios. É importante ter em mente que este acerto é *interno*, porque a parte final do artigo 280 do Código Civil assim diz: "[...] mas o culpado responde **aos outros** pela obrigação acrescida".

Então, ainda que "D3" seja uma pessoa correta e, para se ver livre de aborrecimento, pague ao credor "C" os R$ 330,00 (trezentos e trinta) reais, envolvendo o principal e os juros, "D2" apenas deve lhe repor R$ 100,00 (cem reais), já "D1", o desidioso, deverá pagar-lhe além dos seus R$ 100,00 (cem reais), mais todos os R$ 30,00 (trinta reais) de juros de mora.

Apenas para ficar claro: ao credor "C" *pouco importa* quem deu causa ao atraso; tem o direito de receber de qualquer um dos devedores solidários o principal e os juros moratórios. No acerto de contas da relação interna é que se apura a culpa de cada um dos devedores.

Idêntica solução se refere ao reembolso do valor acrescido de perdas e danos pela impossibilidade da prestação: o credor pode cobrar *tudo* de qualquer um dos devedores; mas, internamente, o acréscimo de perdas e danos somente será arcado pelo devedor que as causou.

Tomemos o mesmo exemplo do carro que foi destruído. Suponhamos que um dos devedores tenha dirigido o veículo em alta velocidade e dado perda total no mesmo. O credor pode cobrar o principal – R$ 30.000,00 (trinta mil reais) – e mais perdas e danos, digamos, de R$ 5.000,00 (cinco mil reais), totalizando R$ 35.000,00 (trinta e cinco mil reais) *de qualquer dos três* devedores; internamente, entre os devedores, é que o causador do dano tem de reembolsar aos demais a proporção dispendida com o acréscimo dos R$ 5.000,00 (cinco mil reais).

15.3 A Remissão (Perdão) Para Os Devedores Solidários

O credor pode ainda **remitir** (oferecer **remissão**, perdão) da dívida, seja em todo o seu montante, seja em parte deles. Sendo a remissão **parcial**, surge a chamada **pretensão de nivelamento** entre os codevedores, em que o valor abonado beneficia a todos, conforme leitura do artigo 277 do Código Civil.

Entretanto, é bastante comum ocorrer uma remissão

apenas em favor de um dos devedores solidários, o que exige a análise conjunta do artigo 277 e 278 do Código Civil. No caso de haver três devedores solidários como acima dissemos ("D1", "D2" e "D3"), cada um responsável por R$ 100,00 (cem reais). Digamos que o credor "C" fique com dó da situação difícil de vida de "D2". *Sem saber exatamente do valor de sua cota*, diz apenas: "D2, eu vou perdoar (remitir) a sua **apenas a sua** dívida, **integralmente**".

Isto vai gerar **duas consequências**: a) "D2" tem seu débito perdoado e é **retirado** do polo passivo; b) "D1" e "D3" ficam ainda como solidários, mas **responsáveis apenas por R$ 200,00** (duzentos reais).

Vamos pensar agora em outro cenário: no mesmo caso acima, "C" diz para "D2": "D2, vou perdoar **metade** de sua na dívida". Neste caso, **não há uma solução unânime** nem no Código Civil, nem na doutrina (incluindo os enunciados das Jornadas de Direito Civil do Conselho da Justiça Federal), muito menos na jurisprudência. Por isto, precisamos assim nos posicionar!

Retomando-se o que foi dito na *introdução* deste capítulo, de que a solidariedade se relaciona mais diretamente com o elemento *responsabilidade* (*haftung*) da estrutura obrigacional, quando o credor **remite (perdoa) parcialmente a dívida de um dos devedores solidários, este permanece na relação**, porém o montante perdoado, este é: a) abatido da dívida como um todo; b) nas compensações internas entre os codevedores, levado em consideração para efeito de distribuição.

Logo, ainda insistindo no exemplo acima, se o credor perdoar "metade" da dívida do devedor solidário "D2" – R$ 50,00 (cinquenta reais), portanto – a dívida **total dos três devedores passa a ser de R$ 250,00 (duzentos e cinquenta reais)**. Não poderá R$ 25,00 (vinte e cinco reais) ser acrescido à cota interna de cada um dos outros codevedores, porque o artigo 278 proíbe expressamente a imposição de cláusula ou condição adicional sem seu expresso consentimento e, por outro lado, adotando-se uma **interpretação sistemática e finalística**, como o Código previu expressamente a figura da renúncia à solidariedade, em que o débito subsiste, mas ocorre o descolamento (destaque) do devedor que deve a solidariedade renunciada em seu favor (mas que pode ser cobrado separadamente pelo débito, que, vejam bem, **não** foi perdoado), há de se ter uma distinção da remissão em favor de um dos credores feita de forma parcial.

15.4 A Renúncia À Solidariedade (Concedida Pelo Credor A Um Ou Alguns Dos Devedores Solidários)

Aproveitando-se para já se enfrentar o problema da **renúncia à solidariedade** em relação a um ou alguns dos devedores, ele(s) será(ão) destacado(s) do bloco de devedores solidários, mas **podendo ainda ser cobrado(s) separadamente** (art. 282 do Código Civil, bem como seu parágrafo único). Isto tem grande importância, sobretudo sob a perspectiva processual, pela **im**possibilidade do manejo da intervenção de terceiros denominada "chamamento ao processo" pelos devedores solidários, para trazer à lide aquele que foi arrancado da solidariedade; poderá, contudo, o credor cobrar dele a dívida separadamente.

Este também é o entendimento plasmado no recurso especial n. 1.478.262 do Superior Tribunal de Justiça, bem como no enunciado n. 350 da IV Jornada de Direito Civil do Conselho da Justiça Federal. Também recomendamos a consulta ao enunciado n. 349, que trata sob a perspectiva especificamente processual.

15.5 A Transação Do Credor Com Um Ou Alguns Dos Devedores Solidários

Semelhante à anterior é a situação do **credor que**

transaciona com um dos devedores e concorda em receber dele quantia menor que a combinada.

Neste caso, há um misto de renúncia à solidariedade e de remissão parcial, porque dois efeitos vão ocorrer: a) o devedor com quem se fez a transação é destacado do bloco conjuntivo; b) seu débito (*schuld*) é reduzido para o montante combinado.

15.6 O Estado De Insolvência De Um Ou De Alguns Dos Deveres Solidários

Outro aspecto desafiador é o **estado de insolvência** de um dos devedores solidários. Não há uma opinião firme sobre o tema, mas em uma análise combinada dos artigos 278, 283 e 284 do Código Civil, além do já citado enunciado n. 350 do CJF e a teoria da pretensão de nivelamento, compreendemos que – também compreendendo que a solidariedade se localiza muito mais no nível da *responsabilidade* (*haftung*) e, tomada a obrigação como um processo, em favor do credor – a sua cota-parte deve ser distribuída e arcada pelos demais codevedores.

Igualmente não há uma solução e a apresentada pode ser opor à literalidade do artigo 278, mas é preciso considerar que os **artigos 283 e 284 do Código Civil** prevalecem.

15.7 O Manejo De Exceções Por Um Ou Alguns Dos Devedores Solidários

Outro ponto a ser verificado é o do **manejo de exceções** (argumentos de resistência, de defesa) pelo devedor.

Estas se dividem em dois tipos: a) **exceções pessoais,** sendo aquelas que se referem **apenas à pessoa do devedor,** como a alegação de ter sido coagido a fazer o negócio jurídico, ou a pretensão à compensação de valor por ele pago; b) **exceções gerais**, que se referem a **todo o negócio jurídico**, beneficiando a todos os devedores, ainda que movida por algum deles, como no exemplo da exceção do contrato não cumprido (art. 476 do Código Civil).

Assim, neste caso, se o credor não cumpriu a parte que lhe cabe (ex.: entrega do imóvel para locação a três locatários que morarão no regime de "república", sendo colocados como solidários), qualquer dos devedores que manejar tal exceção geral estará, igualmente, beneficiando os codevedores. Em ambos os casos, recomenda-se a leitura do artigo 281 do Código Civil.

15.8 A Sucessão Mortis Causa Do Devedor Solidário

Falecendo o devedor solidário, deixando de quitar seus débitos e deixando herdeiros, estes também são *solidários* para como o credor, assim como foi o autor da herança?

Primeiramente, é preciso compreender que a situação somente tem sentido **após ultimada a partilha de bens**, até mesmo porque, enquanto persistir o estado de indivisão do espólio – seja antes ou no curso da ação de inventário – não há que se falar em tais implicações.

Assim, a regra de ouro é estabelecida no artigo 276 do Código Civil: cada herdeiro do devedor solidário só é obrigado a pagar **sua cota** da dívida, respeitadas, é claro, as forças da herança (ter recebido um patrimônio ativo). Portanto, **perante o credor**, **não há "solidariedade" entre os herdeiros do devedor solidário morto**; cada qual **somente responde por sua cota-parte**.

Por outro lado, quando tratados, para fins de reembolso, perante os *demais codevedores* (relação **interna**), os herdeiros do devedor solidário morto são tratados como se fossem um apenas para fins de encargo (art. 276 do Código Civil). Todavia, se apenas **um dos herdeiros der causa ao aumento do débito**, aplica-se a regra do artigo 279 do Código Civil.

15.9 Dívida De Interesse Exclusivo A Um Ou Alguns Dos Devedores Solidários.

Dispõe ao artigo 285 do Código Civil que se a dívida interessar apenas a um dos devedores solidários, este deverá na integralidade todos aqueles que a solvê-la para com o credor.

O exemplo disto mais claro é o caso de ações indenizatórias: a seguradora até pode pagar ao credor da indenização, mas depois irá buscar a reposição integral do que pagou se assim rezar o contrato. Idem se refere ao caso de pagamento feito pelo fiador.

Esta situação, portanto, diferente das demais por afastar a **presunção de divisão em cotas-parte** entre os devedores. Para o credor, somente interessa o aspecto de responsabilidade (*haftung*), mas o débito (*schuld*) pertence apenas a um único devedor.

16 – TRANSMISSÃO DAS OBRIGAÇÕES (PARTE 1): CESSÃO DE CRÉDITO

16.1 Introdução

As obrigações podem ser transmitidas a terceiros, seja através da mudança no polo ativo, como do polo passivo. Diferentemente do que se acreditava no direito romano, as obrigações não podem mais ser encaradas como sempre personalíssimas, porque sua responsabilidade (*haftung*) não é o corpo do devedor, mas sim o seu patrimônio.

Basicamente, as obrigações podem ser transmitidas a terceiros através de dois institutos: a cessão de crédito e a assunção de dívida. Entretanto, a transmissibilidade do crédito pode se dar igualmente por outras figuras reguladas em diversas seções do direito civil, como a cessão de posição contratual ou ainda na própria sucessão *mortis causa*.

Vamos, entretanto, por cautela, ater-nos especificamente ao que o direito das obrigações regula sobre a transmissão, deixando as outras hipóteses para serem trabalhadas no momento oportuno.

16.2 Cessão De Crédito

É chamada de **cessão de crédito o negócio jurídico pelo qual o credor (cedente) transfere este direito a um terceiro (cessionário), referente à prestação de um devedor (cedido)**. Portanto, a relação jurídica permanece a mesma, **alterando-se apenas o titular do crédito**.

Chamamos atenção do leitor para a importância do instituto, fundamental na circulação de riquezas, mas *essencial* na sua compreensão (especialmente quanto ao reconhecimento das figuras do cedente, do cessionário e do cedido) quando se examina, no direito empresarial, o tema dos **títulos de crédito**.

Inicialmente, a cessão de crédito é **livre**; **não poderá ser feita se proibida expressamente,** seja pela vontade das partes ou da lei. Também **não é admitida se contrária à natureza da obrigação** (art. 286 do Código Civil).

A proibição pela vontade das partes é vinda é uma cláusula contratual proibitiva; todavia, se não proibida, pouco o devedor pode fazer, porque **não se exige anuência ou concordância do devedor**.

Entretanto, não é porque **nada pode fazer** que **não tenha o direito de ser comunicado da cessão**. O Código Civil determina, em seu artigo 290, que a notificação deva ser feita ao devedor para tornar a cessão **eficaz**. A cautela é evitar o **pagamento errôneo** feito pelo devedor desinformado; por este mesmo motivo é que o artigo 292 do mesmo diploma legal assegura plena **validade do pagamento** feito pelo devedor-cedido ao credor-cedente, se não tiver sido comunicado da existência de terceiro-cessionário.

O **credor-cedente responde pela existência do crédito perante o terceiro-cessionário**. Entretanto, o Código não exige que o credor-cedente também *responda* pelo eventual estado de insolvência do devedor-cedido, como se depreende da leitura dos artigos 295, 296 e 297 do Código Civil. Trata-se da **cessão _pro soluto_**.

Entretanto, embora normalmente a cessão de crédito ocorra em negociações onerosas (portanto, a título oneroso, na linguagem do Código), se for gratuita, somente responderá pela existência se tiver agido de má-fé. Isto é muito razoável, até mesmo porque se o terceiro recebeu, a título de doação, um crédito via cessão, apenas tende a lucrar, porque o "não ele já tem". Todavia, se o credor-cedente, por exemplo, _sabendo_ que o devedor era insolvente, ainda assim _engana_ um terceiro, passando, mesmo que gratuitamente, um crédito "podre", responde porque agiu em ato contrário à boa-fé objetiva.

A **vontade das partes pode alterar tais presunções**, desde que feito de forma expressa, apenas havendo um limite: o valor total do crédito. Porém, se o credor pactuar com o terceiro-cessionário cláusula de responsabilização pelo crédito objeto de cessão, teremos a chamada **cessão de crédito _pro solvendo_**. Havendo tal cláusula, responderá, no máximo, pelo principal, acrescido pelos juros, despesas de cessão e eventuais despesas que o cessionário teve com a cessão (art. 297, Código Civil).

O artigo 289 do Código Civil permite-nos concluir também que **podem ser cedidas garantias do crédito** (fiança, caução...), **inclusive as de natureza real (penhor, hipoteca...)**. Como abordamos no volume do direito sobre as coisas e, em certa medida, no relacionamento entre estes e os direitos obrigacionais, **não se faz necessária a adoção de providências adicionais de publicidade ou registro para que seja eficácia a cessão entre as partes envolvidas (cedente, cessionário e cedido)**; entretanto, **é imprescindível para sua eficácia perante terceiros** (_erga omnes_). A isto inclui o eventual protesto do título ou, no caso de hipoteca (ou outra providência que exija registro público), a respectiva solenidade, como se pode depreender da leitura do artigo 654, § 1º, do Código Civil, combinado com o art. 288.

Saliente-se que uma leitura ligeira dos dispositivos levaria a crer que a eficácia *inter partes* apenas ocorreria entre cedente e cessionário, merecendo críticas a lacuna legislativa. Entretanto, o Enunciado n. 618, da VIII Jornada de Direito Civil clarificou que o devedor **não** é terceiro para fins do artigo 288, desde que tenha sido devidamente notificado, pela forma do artigo 290 do Código Civil.

O crédito objeto de cessão pode ser conservado, mediante atos praticados pelo cessionário, mesmo **antes** de comunicado o devedor-cedido. Lembre-se que sua notificação é apenas para fins de direcioná-lo quanto ao pagamento, mas a cessão é eficaz, porque o devedor nada pode fazer para impedi-la.

Quanto aos ônus e vantagens que o credor tinha referente ao crédito, o cessionário os recebe; da mesma forma, o cedido pode opor todas as exceções de caráter geral que tinha para com o credor-cedente originário, como a exceção de contrato não cumprido, conforme reza o artigo 294 do Código Civil.

A **única exceção** em que **expressamente** o devedor **não pode opor ao terceiro-cessionário** é a **compensação**, pela leitura do artigo 377. Assim, se o credor-cedente e o devedor-cedido ambos são, reciprocamente, credor e devedor entre si e o devedor-cedido pretender abater seu débito com tal prestação, deverá agir rápido, *antes* de eventual cessão.

Um detalhe importe é se o crédito objeto da cessão tiver sido penhorado por pretensão de uma *quarta* pessoa. É porque o crédito penhorado (isto é, por **ordem judicial**) deve ser pago em preferência. Tudo se baseia no conhecimento da penhora, porque se o devedor não tiver sido intimado desta (ex. penhora no registro de seu veículo), poderá pagar ao credor-cedente (originário) ou ao terceiro-credor-cessionário.

No mesmo raciocínio, tendo conhecimento da referida penhora, o crédito se torna *congelado*, não podendo mais o credor transferi-lo por cessão a terceiros. Equivaleria o quanto disciplinado no artigo 298 a um comportamento de má-fé.

Por fim, é preciso conhecer a situação da **cessão de**

crédito representado por um título (cheque, promissória etc). De acordo com o artigo 291, a cessão prevalece para o cessionário que tiver **recebido o título**. Não tendo havido a tradição do título (**cártula**, como na linguagem do direito empresarial), prevalece a cessão que primeiro for notificada.

Portanto, o devedor deve priorizar, inicialmente, quem **primeiro apresenta o título**, e, em seguida, não sendo a hipótese anterior, **a quem cobra primeiro**. O artigo 292 ainda é expresso a dizer que mesmo que o crédito conste em escritura pública, prevalece o pagamento a quem o cobrou (notificou) primeiramente.

17 – A TRANSMISSÃO DAS OBRIGAÇÕES (PARTE 2): A ASSUNÇÃO DE DÍVIDA

A assunção de dívida – também chamada de cessão de débito, em alusão à cessão de crédito – é a relação obrigacional em que um devedor transmite sua dívida a um terceiro, chamado de **assuntor**.

Como o direito das obrigações existe para **proteger os interesses do credor**, diversamente do que ocorre na cessão de crédito, na assunção de dívida o **credor precisa concordar, anuindo expressamente com a operação** (art. 299 do Código Civil).

O silêncio do credor significa **recusa**; isto se explica porque o devedor **responde pela dívida com o seu patrimônio**, o que, seguramente, foi avaliado quando da realização do negócio jurídico junto ao credor. Logo, não tem o devedor a liberalidade de transmitir a terceiro o seu débito, pretendendo desobrigar-se por completo do liame.

A regra de que o silêncio do credor importa recusa **apenas encontra exceção no art. 303 do Código Civil, quanto ao imóvel hipotecado**. Assim, o adquirente (assuntor) do imóvel hipotecado assume o pagamento da dívida e se o credor, notificado, **não responder em trinta dias**, entender-se-á como dado o consentimento. E, além disto, o Enunciado n. 353 da IV Jornada de Direito Civil determina que a recusa pelo credor **deve ser justificada**.

O Código Civil silencia sobre a quem cabe o dever de notificação, porém o Enunciado n. 424 da V Jornada de Direito Civil do Conselho da Justiça Federal dispõe que esta notificação pode ser feita por terceiros, inclusive pela ocorrência de atos inequívocos, a exemplo do reiterado pagamento feito por terceiro (assuntor). Ou seja, **como o crédito está sendo solvido, careceria de interesse jurídico o credor de impugnar, posteriormente, tal cessão de débito**.

Em alguma medida, o devedor originário ainda responde pela solvência do assuntor, como exemplifica no artigo 299 do Código Civil, quando afirma que continua responsável se "desconhecer o estado de insolvência do assuntor".

Em outros ramos do direito também encontramos disposições semelhantes, como na cessão de cotas empresariais ou na alienação de estabelecimento empresarial, embora seja necessário examinar as normas específicas de cada um desses ramos, como também se dá no direito tributário. A lógica é a mesma: não deixar o credor sem garantia de recebimento do pagamento de seu crédito.

Uma figura prevista no Enunciado 16 da I Jornada de Direito Civil do Conselho da Justiça Federal foi a da "coassunção", quando dois ou mais devedores se tornam responsáveis pelo débito, em típica **solidariedade passiva**.

Exceções pessoais **são intransmissíveis** (art. 302 do Código Civil), com menção expressa à compensação, que não pode ser imposta pelo assuntor ao credor (art. 376).

Com a assunção da dívida, **todas as garantias especiais sobre a dívida são extintas** (art. 300 do Código Civil), salvo se renovadas. São especiais tanto as reais, relativas à coisa (ex. hipoteca); como as pessoais ou fidejussórias (como a fiança prestada). Para que permaneçam, é preciso um ato novo, **reno-**

vando-as, como se depreende da leitura dos enunciados 422 da IV Jornada de Direito Civil e o 352, da IV Jornada.

Estando **anulada** a substituição do devedor, **restaura-se o estado anterior**, inclusive com as garantias, salvo as prestadas por terceiros **ao assuntor**. Entretanto, o assuntor (e seus garantidores, portanto) que conhecia do vício capaz de anular a assunção de dívida continua obrigado (art. 301).

O Código, porém, não informa como se daria esta vinculação, se em conjunto com o devedor originário ou não. Entendemos que ambos permanecem se a assunção decorrer de simulação, com as consequências lá previstas. O Enunciado n. 423 da V Jornada afirma que o regime deve ser aplicar também à **nulidade**, que, neste caso, a relação originária resta "continuada".

Examinada a transmissão das obrigações, é o momento de se falar de sua **extinção normal**, o que ocorre através do **pagamento**, que será tema trabalhado a partir do próximo capítulo.

18 – O PAGAMENTO DA PRESTAÇÃO E QUEM TEM O SEU DEVER: O SOLVENS

18.1 Introdução

Chegou-se o momento de abordar a regulação jurídica do pagamento, como dispõe a legislação civil.

Como dito alhures, a obrigação "nasce para morrer" e sua "morte" esperada pelo credor é que o devedor cumpra a prestação *exatamente* da forma que ficou pactuada: nem mais, nem menos; nem a maior, nem a menor; nem pior, nem pior.

Como o pagamento possui diversos desdobramentos, optamos, em amor à didática e à rápida localização dos conteúdos pelo leitor, em dividir sua análise em capítulos próprios.

Antes, porém, é preciso advertir o leitor de uma questão talvez sutil, mas muito importante para a coerência dos conteúdos: quando se diz *pagamento*, não se está apenas falando em "quantia em dinheiro".

O *pagar* em linguagem do direito das obrigações é **cumprir a prestação conforme prevista**, seja ela de dar, fazer, não fazer (permanecer-se em abstenção) ou, ainda, solver quantia em dinheiro.

Dito isto, neste capítulo, portanto, **falaremos de quem paga *(solvens)* e, no capítulo subsequente, a quem se deve pagar *(accipiens)*.**

Talvez o leitor esteja se perguntando por que nos referimos aos sujeitos do pagamento desta forma, ao invés de, simplesmente, tratarmos como *devedor* e como *credor*, como vínhamos fazendo.

A razão é muito simples: embora seja esperado e presumido que o responsável pelo pagamento seja o devedor e aquele que o receberá seja o credor, estas figuras são distintas, pelo que adiante restará explicado. Por serem figuras distintas, é preciso também **alterar a terminologia**, pelo que aquele que **tem o dever** de pagar é chamado de ***solvens*** e aquele que tem o direito (mas também o dever!) de receber o pagamento é chamado de ***accipiens***.

Note-se ainda que estamos falando em *dever* e não em "obrigação" de pagar, de modo que, mais uma vez, tentamos seguir uma coerência e rigor na linguagem, visto que a obrigação tratada já é a relação jurídica como um todo, que, por sua vez, não se confunde com o seu conteúdo (ou objeto imediato), que é a prestação, ou com o seu objeto mediato, que é o comportamento que o devedor se compromete a fazer ou deixar de fazer, ou à coisa cujo domínio ou posse se compromete a transmitir ao credor.

Então, em sua, a partir de agora chamaremos de *accipiens* aquele que recebe o pagamento e em *solvens* quem o faz. E, portanto, quando falarmos em *credor* e em *devedor*, estaremos sendo *específicos* quanto ao emprego de seu significado, levando em consideração sua posição na relação jurídica obrigacional, de sujeitos ativo e passivo.

18.2 Os Três Principais Tipos De Solvens

Quando tomada em seu sentido normal e esperado, a figura do *solvens* se confunde com a do *devedor*. Assim, o **o devedor será o solvens**, mas em alguns casos, o **pagamento poderá ser válido ou eficaz se feito por terceiro**; ou seja, em algumas situações, o **ordenamento jurídico aceita que o *solvens* seja diverso do devedor**.

Primeiramente, o *solvens* pode ser um mero representante ou procurador do devedor; como tal, tem o mesmo efeito como se o devedor, por si só, tivesse feito o pagamento. Isto vai ocorrer, por exemplo, no contrato de mandato, em que o procurador apenas executa o dever de pagar do devedor. A isto a doutrina chama de **"pagamento em nome e por conta do devedor"**.

Em segundo caso, o *solvens* **não estará pagando em nome do devedor**. A isto a doutrina se refere ao pagamento realizado por **"interessado, em nome *próprio*"**. Isto vai ocorrer quando o terceiro tiver interesse jurídico no cumprimento da prestação, o que vai ocorrer, muitas vezes, quando possuir apenas o elemento "responsabilidade" (*haftung*), mas não o de "débito" (*schuld*), como é o caso do fiador. Quando o fiador paga a dívida do afiançado, o estará fazendo em nome próprio (i. e., do próprio fiador), para se livrar daquele compromisso; é esperado, portanto, que em um momento posterior o fiador busque o ressarcimento junto ao devedor.

O terceiro caso é o do **terceiro, que paga em nome próprio, mas que é *desinteressado*** à relação jurídica. O chamado "desinteresse" jurídico se refere à inexistência de regras jurídicas (legais ou contratuais) que o tornasse, de alguma forma, responsável (mais uma vez, pelo elemento *haftung*) pelo pagamento do devedor. O melhor exemplo é o do pai que paga débito de filho **maior**, ou do amigo que paga dívida de pessoa querida, porém endividada, em ambos os casos, sem autorização ou anuência do devedor. Caso houvesse a referida anuência ou autorização, teríamos uma das duas figuras já trabalhadas acima: um pagamento por um mero mandatário ou por um terceiro que tem interesse na quitação da prestação.

18.3 Comportamento Do Credor Diante Do Pagamento Feito Por Accipiens Diverso Do Devedor.

A depender de uma das situações acima descritas, o credor poderá ou não se negar a receber o pagamento.

Se o credor se negar **indevidamente** ao recebimento do pagamento por *solvens* diverso do devedor, este poderá manejar contra este o pagamento por consignação, seja extrajudicial, seja judicial.

Então, quando o **pagamento é feito por *solvens* em nome do devedor (primeiro caso) ou por terceiro juridicamente interessado (segundo caso)**, o **credor não pode se recusar a recebê-lo.** Tem, portanto, de o receber e, assim, oferecer a quitação, conforme o tipo de prestação pactuada (recibo, devolução do título de crédito etc.).

Já no **terceiro caso** o credor pode **se recusar a receber o pagamento**. É curioso entender o que porque o faria, já que, de alguma forma, estará tendo sua prestação quitada. É que o credor tem a prerrogativa de **constituir o devedor em mora** caso o pagamento não seja feito da forma combinada, a exemplo do despejo como consequência do não pagamento de aluguéis pelo inquilino.

Pode parecer mero tecnicismo, porque o devedor poderá, simplesmente, nomear o terceiro como seu procurador, mas há devedores que são orgulhosos ou têm alguma razão pessoal para não o fazer... de qualquer sorte, esta ausência de requisitos técnicos apenas prejudicará o devedor. Parece que o ordenamento jurídico deseja proteger o credor daqueles devedores que agem de forma descompromissada, trazendo profunda insegurança jurídica (não paga, não justifica, de repente aparece um terceiro "alheio" que quer pagar a dívida...). Ademais, o credor pode também ficar inseguro de dar quitação (recibo, por exemplo) a este terceiro "intrometido". O documento será válido? São dúvidas legítimas, obviamente.

18.4 Os Direitos Adquiridos Pelo Solvens Diante Do Devedor

Visando tanto a proteção do credor, como do crédito *em si*, o direito civil trará algumas regras que dá ao *solvens* diverso do devedor alguns direitos perante este. Porém, como será adiante verificado, tais regras variam de acordo com uma daquelas três situações já descritas – terceiro em nome do devedor; terceiro, em nome próprio, porém interessado juridicamente; terceiro, em nome próprio, porém desinteressado juridicamente.

Se o terceiro pagar **em nome do devedor** (como um procurador, em um contrato de mandato, por exemplo), **não tem qualquer direito perante o devedor**, a não ser aqueles porventura já previstos na contratação de seus serviços, como os honorários a que terá direito um despachante, por exemplo.

Se, porém – segunda situação – o terceiro pagar em nome próprio, mas for juridicamente interessado (exemplo do fiador), como consequência **sub-rogar-se-á** na **posição de credor da relação obrigacional** (art. 346, inciso III). Ou seja, de *solvens* passa à posição de verdadeiro credor, tendo **todos os privilégios que tinha o credor originário**, exceto os de natureza pessoal (art. 305, do Código Civil). Outro detalhe importante é que **a sub-rogação é automática**, porque já se encontra devidamente clara a sua posição de terceiro interessado no ordenamento jurídico (ex., a existência de um contrato de fiança). Prescindirá (*dispensará*) prova de seu interesse por parte do terceiro, até porque isto já se encontrava provado anteriormente. Por óbvio, a única prova que se existe é a da realização do pagamento, em si.

Já na hipótese do pagamento realizado por terceiro **desinteressado**, deverá provar, além da realização do pagamento, a própria **existência da dívida**. De qualquer jeito, o código disciplina que **não se sub-rogará** de todos os direitos que o credor originário tinha perante o devedor, mas é lhe assegurado o direito ao reembolso da dívida que, se paga antes do vencimento, apenas correrá a partir da ocorrência deste (art. 305, Código Civil).

18.5 Possíveis Problemas No Pagamento Feito Por Terceiro

Ainda que o Código proteja o credor e o próprio direito ao crédito, também são notados alguns cuidados para que aquela solução aparentemente prática e acertada, em verdade, traga mais problemas que a esperada tranquilidade.

É que o artigo 306 estabelece o dever – diríamos que *recomendação* – de o terceiro, antes de tomar a iniciativa de sair pagando o débito alheio, antes *pergunte* ou *comunique* eficazmente ao devedor de sua intenção. Isto porque, se o pagamento feito por *solvens* pode representar verdadeira *doação*, se o devedor tinha "meios ilidir a ação" (ação aqui tomada no sentido de comportamento, não de ação judicial).

É o caso de o fiador *acreditar* que o afiançado está atrasado no pagamento do empréstimo e, assim, o faz sem que o devedor tenha conhecimento, *sendo que* o mesmo teria feito uma *renegociação* com o banco credor... ou ainda um pagamento parcial! Fazendo o pagamento sem que sequer o devedor tenha sido consultado, o valor pago pelo terceiro poderá ser, simplesmente... perdido! O Código não nos permite concluir se o próprio débito do devedor junto ao *solvens* simplesmente não existiria ou se a obrigação seria puramente natural (com débito, mas sem responsabilidade patrimonial). O fato é que a mensagem é clara: "antes de pagar débito de terceiro, primeiramente *procure saber* como se encontra seu adimplemento!"

Sem que aqui analisarmos diversas circunstâncias em que esta comunicação pode ser falha (uso de aplicativos de mensagens, falha de notificação em cessão de crédito etc.), o fato é que o *solvens* não terá aquele direito à sub-rogação (se interessado) ou ao reembolso (se desinteressado) *de logo*, se não tiver comunicado antes ao devedor sua intenção.

Outro problema reside no pagamento de prestações de **dar coisa certa, com transmissão de propriedade**. É que, por óbvio, o terceiro (interessado ou não) apenas conseguirá "pagar" a prestação de dar de terceiro se tiver *meios* para transmitir a propriedade do bem. Sendo um bem móvel, maiores problemas não existem: basta fazer a tradição; sendo imóvel ou ainda um móvel que exija algum tipo de registro (exemplo, a transmissão da propriedade de um veículo), o que o terceiro estará fazendo é uma *promessa* de pagamento, sem qualquer eficácia.

Entretanto, se estivermos falando de coisa fungível (presente na obrigação de dar coisa *incerta*), o parágrafo único do artigo 307 inverte a proibição acima, autorizando o terceiro a prosseguir com o pagamento, com as mesmas consequências jurídicas se for interessado ou desinteressado.

E, quanto a estas, se o credor a consumiu, de boa-fé, nada poderá o devedor reclamar, ainda que o *solvens* não tivesse o direito de aliená-la. Como exemplo, podemos imaginar o dono de um depósito de bebidas que tenha uma quantidade determinada de engradados, que o devedor não autorizou a entrega ao credor; este terceiro, então, de boa-fé, poderá entregar ao adquirente dos referidos engradados, se presente a boa-fé.

19 – QUEM TEM O DIREITO (E O DEVER) DE RECEBER O PAGAMENTO: O ACCIPIENS

Mais uma vez retomando à teoria da obrigação como um processo, compreendemos que toda a sua estruturação é destinada à satisfação do credor pelo pagamento da prestação, como inclusive traz claramente o artigo 308 do Código Civil.

Entretanto, o Código Civil trará regras que protegem o devedor, especialmente quanto à *quitação* e ao seu adimplemento, porque o **pagamento só é considerado eficaz a quem pode dar quitação (art. 311 do Código Civil)**.

Por exemplo, como já vimos, o próprio crédito pode ser transmitido a terceiros (cessão de crédito) e isto pode gerar muitas dúvidas se aquele sacrifício estará sendo feito diante do sujeito *correto*.

Aqui não trataremos de figuras já exploradas (como a cessão de crédito) ou que ainda serão vistas (como a consignação em pagamento), para as quais remetemos o leitor para abordagem mais específica. Portanto, na intersecção, trabalharemos com a regulação civilista quanto ao *accipiens*.

19.1 Pagamento Feito Aos Sucessores Do Credor

Falecendo o credor, encontra-se *aberta* a sucessão, o que, como visto no volume sobre o direito das sucessões, não quer dizer que já foi iniciado o procedimento administrativo cartorário ou o processo judicial de arrolamento ou de inventário. Até a **partilha, o que a massa patrimonial do sujeito é chamada de** *espólio*, o que importa em direitos diversos, como posse e propriedade de bens, além de créditos e débitos.

O espólio é uma **universalidade de direito**, pelo que os herdeiros perante ele estão em condomínio. Por este motivo, é preciso que o *solvens* tenha muito cuidado em pagar a um deles (*accipiens* meramente suposto) **antes da partilha**, porque poderá estar fazendo um pagamento ineficaz, podendo ser cobrado novamente pelo verdadeiro credor, sempre, é claro, podendo reembolsar-se de quem recebeu o pagamento, pela vedação ao enriquecimento sem causa (com ou sem perdas e danos, havendo ou não, respectivamente, má-fé deste suposto *accipiens*).

Então, havendo óbito do credor, deverá o devedor pagar diretamente *ao espólio*, podendo se valer do depósito judicial para se acautelar de eventual pagamento indevido.

19.2 Pagamento A Accipiens Incapaz

O pagamento feito a incapaz, seja ele o próprio devedor, seja um mero *accipiens* do credor (filho que recebe dívida do pai) também requer alguns cuidados, traçados, em linhas gerais, pelo artigo 310.

O primeiro cuidado é da vedação de o *solvens* pagar a *accipiens* que **não pode dar quitação**. Esta regra é tomada de forma geral se o for o incapaz absolutamente, mas **relativamente**

incapaz que dolosamente oculta sua idade desonera o devedor, sendo válida a sua quitação (artigo 180 do Código Civil).

Trata-se da aplicação da conhecida **teoria da aparência**, muito aplicada em diversos ramos do direito, como no civil, do consumidor, tributário, dentre outros. E – registre-se – a teoria da aparência é decorrência de alguns corolários do direito civil, como a proteção à boa-fé objetiva e à vedação ao comportamento contraditório (*venire contra factum proprium*).

19.3 Pagamento Recebido Após A Intimação Do Credor De Penhora

O credor **não pode** receber pagamento de devedor após intimado de penhora sobre o bem objeto da prestação ou da fração patrimonial garantidora (art. 312 do Código Civil).

O credor que assim recebe o pagamento poderá ser constrangido a devolver o valor pago pelo devedor, posteriormente, em uma ação denominada *in rem verso*; isto porque o devedor também (ou exclusivamente) foi intimado da penhora e, desta forma daquele bem ou daquele determinado acervo patrimonial (ex., valores depositados em conta bancária), tendo de **primeiramente satisfazer o credor judicial** para, em seguida e obtendo a liberação do restante do acervo penhorado, pagar aos demais credores.

Enxergamos também possibilidade de o credor intimado da penhora ter de compensar adicionalmente o devedor em perdas e danos, porque a legislação civil denota que este recebimento se presume de má-fé.

O mesmo raciocínio se aplica a situações em que embora não haja penhora, um outro credor daquele devedor tenha sido mais ágil e o interpelado eficazmente do débito, inclusive de forma extrajudicial (como dispõe também o próprio artigo 312 do Código Civil).

Entretanto, como dizem os professores, "direito não é uma ciência exata, como a matemática", e circunstâncias factuais podem suavizar ou até mesmo isentar o credor de tais consequências (art. 311 do Código Civil). Dentre elas, encontra-se o caso do credor putativo.

19.4 O Pagamento Feito A Credor Putativo

Putativo é o credor que detém todas as suas características apuráveis diante das circunstâncias, porém não é.

É o caso, por exemplo, de um restaurante que faz pagamentos de mercadorias entregues em contrato de compra e venda mediante fornecimento, mas não tomou conhecimento (por diversas razões, não vamos aqui perquirir se por falha de quem) da alteração da estrutura societária de seu fornecedor e da abertura de nova conta bancária.

Então, as circunstâncias devem ser as do caso concreto, não que isto possa representar brechas ou escapatórias para o devedor – a boa-fé aqui é a objetiva, lembremos sempre disto!

O fato é que o artigo 309 do Código Civil diz que o pagamento feito a credor putativo é considerado **eficaz**, ainda que seja comprovado – posteriormente, por óbvio – não ser ele o credor.

O mesmo vale para representante comercial, com quem o empresário habitualmente lidava para tirar pedidos para seu estabelecimento e que recebia os pagamentos, em relação de muitos anos, mas toma conhecimento posteriormente que não mais trabalha para aquele fornecedor.

Mais uma vez se chama atenção para a aplicação da teoria da aparência, pelo que a boa-fé deve ser sempre considerada e, **quanto ao erro, escusável**, sendo a presunção disto **apenas relativa** (admitindo prova em contrário). Em caso de obrigação de trato sucessivo, a falta de cautela do devedor no próximo pagamento já não o isentará da mesma forma ocorrida anteriormente.

19.5 Observações E Considerações Finais

Como visto, a proteção do crédito também pode ser compreendida sob o ângulo do devedor, que deve ter clareza a que *accipiens* está pagando. Assim, se o *accipiens* se identificar como procurador ou representante do credor, deve exigir a exibição do instrumento; se terceiro sub-rogado, o referido documento; se solidário passivamente, que isto esteja previsto na lei ou no contrato (solidariedade não se presume, lembremos disto!).

Há de se fechar este capítulo com uma advertência técnica, já devidamente observada e cuja correção interpretativa ficou decidida no Enunciado n. 425 da V Jornada de Direito Civil do Conselho da Justiça Federal: embora o Código Civil, especialmente nos artigos 308, 309 e 310 se refira a verbos e substantivos como "valer", "não valer", "válido", "inválido", compreende-se que deveria ter usado expressões relacionadas à **eficácia**.

Isto porque o pagamento **ineficaz** *é válido*; a validade é o cumprimento dos requisitos do ato ou negócio jurídico. Já a eficácia se refere aos seus efeitos, que podem ser os *anormais* ao pretendido. As hipóteses trazidas nestes dispositivos sempre consideram o pagamento como válido, mas com algumas consequências, a exemplo de ação de regresso, possibilidade de segunda cobrança etc.

O conhecimento da escada *ponteana*, extraída dos degraus do negócio jurídico (existência, validade e eficácia) e examinada no volume desta obra que trata da parte geral não pode ser jamais esquecido, sob pena de não se compreender que tutela jurídica mais adequada deve ser dada ao caso concreto.

20 – O OBJETO DO PAGAMENTO

No exame do objeto do pagamento verifica-se o cuidado para que a prestação obrigacional seja adequadamente cumprida.

Neste momento, não voltaremos à análise das prestações de dar, fazer e não fazer, já examinadas em capítulos anteriores deste volume, aos quais remetemos o leitor para melhor revisão.

Neste momento, analisaremos o que deverá ser **analisado** na referida prestação, com ênfase em seus aspectos mais pecuniários.

Primeiramente, a prestação deve ser cumprida pelo devedor em sua **exatidão**; nem mais, nem menos, como diz o artigo 313 do Código Civil, famoso pela expressão "o credor não é obrigado a receber prestação diversa da que lhe é devida, ainda que mais valiosa".

Junte-se a isto que ainda que o objeto da prestação seja divisível, **o credor não pode ser compelido a receber em partes** daquilo que não foi convencionado de maneira fracionada (art. 314). Entretanto, precisamos lembrar que nas relações de consumo há uma regra específica para tal situação – permitindo o pagamento fracionado para abatimento da dívida – mas como se trata de situação localizada naquela relação jurídica, aqui não comentaremos, apenas indicando sua existência.

Deve ser lembrado que se houver **execução de título de**

origem extrajudicial, o artigo 916 do Código de Processo Civil permite o parcelamento do débito em uma entrada de 30% e mais seis parcelas iguais, com os devidos acréscimos legais. Em certa medida, pode ser considerada como uma exceção à regra, embora adstrita a um contexto específico: cobrança judicial de um título executivo. Nem mesmo o crédito reconhecido em sentença admite isto. Portanto, embora haja, na prática, tal exceção, não representa um regramento amplo, pelo que entendemos não ser uma contradição do sistema do Código Civil.

Se a prestação for de **pagar quantia em dinheiro**, vigora o **princípio do nominalismo**, que significa que deve ser pago o que estiver escrito no título ou documento ou seu valor equivalente (art. 315).

O Código **veda expressamente (cominando-lhe de nulidade) obrigações ou indexações em ouro ou moeda estrangeira** (art. 318), salvo haja disposição legal em contrário, como ocorre em alguns títulos de crédito e operações empresariais, a exemplo dos contratos de câmbio ou de contratos de produtos muito específicos, como petróleo e manutenção de aeronaves.

O princípio do nominalismo tem duas exceções. A primeira é a possibilidade de as partes convencionarem correção progressiva das prestações atrasadas sucessivas (art. 316); já a segunda advém da aplicação do princípio da imprevisão – e consequente readequação do contrato de forma proporcional e equitativa, para evitar que a prestação se torne impossível de ser paga pelo devedor fruto de eventos alheios à sua vontade (art. 317).

Em um mundo cada vez mais globalizado, é esperado que o princípio do nominalismo seja revisado de tempos em tempos. Assim é que o Superior Tribunal de Justiça entendeu que é possível a conversão de dívida fixada em moeda estrangeira em moeda nacional na data da quitação (REsp n. 1.342.000).

21 – O LUGAR DO PAGAMENTO

Como **regra geral, o local do pagamento é o domicílio do devedor**, embora o Código permita (art. 327) que as partes convencionem de forma diferente.

A presunção legislativa para o domicílio do devedor vem de duas ordens: primeiramente, para aumentar a probabilidade de haver o adimplemento (é o credor que tem de se deslocar); segundo, porque é nele que, em tese, o devedor tem o seu patrimônio (ou a maior parte dele), o que terá grande importância na seara processual para eventual cobrança judicial da dívida.

É preciso ter atenção para a terminologia: quando a prestação for cumprida **no domicílio do devedor, é a obrigação é chamada de *quérable* ou quesível**; porém, se for cumprida no domicílio do credor, é chamada de ***portable* ou requerível**.

Sendo a obrigação **quesível** (a presunção legal ou expressamente assim pactuada) e tiver o devedor mais de um domicílio, o **credor pode escolher cobrar em qualquer um deles**.

Por outro lado, se o pagamento for relativo a prestação relativa a coisa imóvel, a presunção é que ocorra no foro da situação da coisa (art. 328); ou seja, onde o mesmo está localizado.

Pode **o local do pagamento ser alterado** e isto vai se dar por duas circunstâncias (três, se considerarmos o acordo expresso entre as partes): a) o devedor pagar em local diverso do combinado por motivo grave e alheio à sua vontade (art. 329) e b) o pagamento ser feito de forma reiterada em local diferente do pactuado ou presumido legalmente.

Quanto à hipótese "*b*", não pode o local de pagamento que reiteradamente tem sido praticado de forma diversa ao presumido ou contratado, de uma para a outra, *voltar* à regra pactuada. A parte teria, com isso, *perdido* o direito a tal pactuação ou à presunção, o que se fundamenta tanto pela vedação ao comportamento contraditório (*venire contra factum proprium*) ou, em caráter mais específico, pela aplicação da **_supressio_** (ou *verwinkug*, na linguagem técnica alemã, de onde o instituto se deriva).

Esta renúncia (conforme aponta o artigo 330 do Código Civil) tácita visa proteger a boa-fé da relação jurídica obrigacional e evitar manobras para que o adimplemento se torne mais dificultoso.

22 – O TEMPO DO PAGAMENTO

Quando analisamos, capítulos atrás, a classificação das obrigações, vimos que quanto à exigibilidade são classificadas em: a) puras, que não estão vinculadas a qualquer termo, encargo ou condições e b) impuras, quando no sentido contrário.

De acordo com o artigo 331 do Código Civil, as obrigações puras são exigíveis a qualquer tempo pelo devedor, inclusive de forma imediata. Exigem, portanto, *interpelação*, que é a cobrança expressa, por qualquer meio idôneo (salvo exigências formais específicas no caso concreto).

Há de se entender que mesmo para as obrigações puras deve ser aplicada o dever geral de boa-fé objetiva e a coibição do abuso do direito do credor; isto porque, se um mutuante empresta a um mutuário uma substancial quantia em dinheiro, não pode exigir sua devolução *imediata* não tendo havido prazo para pagamento.

Estas circunstâncias devem ser analisadas no caso concreto e pode ser rica de debates, especialmente se for de empréstimo de quantia em dinheiro entre pessoas naturais: de um lado haverá o direito do credor à devolução do valor emprestado, e, do outro, sempre o devedor poderá alegar dificuldades financeiras para adimplir o pagamento.

Nas obrigações **sujeitas a termo** já existe um prazo para o vencimento. É o caso dos boletos que pagamos dia a dia. Nelas vigora a regra *dies interpellat pro homine* ("o dia interpela pelo – no lugar – do homem").

Mesmo nas obrigações a termo, o artigo 333 do Código Civil, em rol **meramente exemplificativo** traz três situações em que o vencimento (termo) é antecipado: a) falência do devedor ou concurso de credores; b) se houver penhora por outro credor de bens que haviam sido objeto de hipoteca ou penhor; c) se as garantias (responsabilidade, *haftung*) evidenciarem-se insuficientes e o devedor, intimado, recusar-se a reforça-las.

É preciso lembrar que para a última hipótese acima, a preocupação é de o devedor se tornar insolvente; se for integrante de obrigação conjuntiva solidária passiva, a antecipação do vencimento não ocorrerá para os demais devedores solidários, sendo uma rara exceção à comunhão de suas responsabilidades.

Como dito, o rol é exemplificativo, sendo muito comum que contratos disponham que o inadimplemento de uma prestação antecipa o pagamento das demais, situação não prevista acima.

Nas obrigações **sob condição**, sua exigibilidade ocorre no dia em que o credor tomou ciência do implemento da condição (art. 332), cabendo-lhe o ônus da prova do conhecimento. Atualmente, com o uso extensivo das redes sociais, tal prova não se mostra tão difícil assim de se obter.

Muito relacionado ao tema de tempo do pagamento está o tipo de mora (se *ex persona* ou *ex re*), mas preferimos trabalhar este ponto no capítulo específico adiante.

23 – PROVA DO PAGAMENTO

A prova do pagamento ocorre por meio da **quitação**, que é de dever do fornecimento pelo credor.

Sua forma é atualmente tida como livre, como já inclusive reconhecido pelo Enunciado n. 18 da I Jornada de Direito Civil, que levou em consideração a feita por meios eletrônicos (mensagem de *whatsapp*, e-mail e outros, por exemplo).

Embora livre, seu conteúdo está vinculado ao artigo 320 do Código Civil, devendo conter: a) valor; b) espécie da dívida; c) nome do devedor ou do *solvens* (quem por ele pagou); d) tempo (data ou até também a hora), e) lugar do pagamento; f) assinatura do credor ou de seu *accipiens* (quem recebeu pelo credor).

Apesar disto, o Código, no próprio parágrafo único do dispositivo acima mencionado, considera como eficaz a quitação que ainda lhe faltem alguns requisitos, pelas circunstâncias se mostre inequívoca.

O Código ainda traz outras tantas maneiras de realização da quitação (**recomendamos a leitura dos artigos 321 a 326)**, sendo a mais famosa delas a devolução do título representativo da dívida. Isto porque a dívida **cartularizada** (uma nota promissória ou um cheque-caução) fica na posse do credor até o pagamento e é devolvido ao devedor para fins de quitação; se o devedor está na posse do título é porque se presume que pagou o débito.

E se o título for extraviado? O devedor então pode se recusar a realizar o pagamento e requerer a declaração por escrito do credor nos termos que alegou.

E se o título for entregue por engano ao devedor? O artigo 324 estabelece o prazo de 60 (sessenta) dias para que o credor prove em contrário – ou seja, que a dívida existe e que o título foi devolvido por engano. O mesmo vale para títulos extraviados.

Finalmente, quando a dívida for composta também de obrigações acessórias (ex. juros), o pagamento do principal presume o dos acessórios, tanto pelo princípio da gravitação jurídica (o acessório segue o principal), quanto pela possibilidade de renegociações com abatimento de tais encargos.

24 – A MORA (OU IMPONTUALIDADE OU FALTA DE CONFORMIDADE DO PAGAMENTO)

24.1 Aspectos Gerais

A mora se refere à ausência de pagamento não apenas no tempo, mas no modo e lugares devidos.

E, embora sempre imaginemos ser causada pelo devedor (***mora solvendi, debitoris*** ou ***debendi***), também pode ser provocada pelo credor (**mora *accipiendi*** ou ***creditoris*** ou ***credendi***), como traz o artigo 394 do Código Civil.

Se a mora for ***solvendi***, é preciso diferenciar a situação da **obrigação pura** em relação à da **obrigação impura**. Isto porque a **obrigação pura exige interpelação do credor**, sendo, por isto, denominada de **mora *ex persona*** (ou **mora pendente**).

24.2 A Mora Do Devedor (Mora Solvendi)

Como dito anteriormente, a jurisprudência entende que ainda que haja interpelação, é preciso que se dê um **prazo razoável** para o devedor cumprir a prestação, pelo que nem sempre a mora é caracterizada no momento de sua notificação.

Quanto à forma da notificação, a legislação não exige que seja feita de maneira especial, inclusive admitindo o Enunciado n. 427 da V Jornada de Direito Civil que seja feita por cartório extrajudicial fora da circunscrição judiciária do devedor, bem como o enunciado n. 619 da VIII Jornada, que prevê a eficácia da usada por outros meios eletrônicos, como o uso do e-mail, por exemplo, desde que seja **provada a ciência inequívoca** do interpelado.

Por outro lado, nas **obrigações impuras** (sujeitas a termo, encargo ou condição), a caracterização da mora não reside na interpelação do devedor (mais uma vez, *dies interpellat pro homine*, "o dia interpela pelo homem"), mas da ocorrência do termo, encargo ou condição. Por isto, são chamadas de **mora *ex re***.

Entretanto, há um outro detalhe para que o devedor possa cumprir a prestação sob mora *ex re*: que seja a mesma **líquida**. Não o sendo, deverá fazê-lo, muitas vezes dependendo do auxílio judicial para tal (vide artigos 509 e seguintes do Código de Processo Civil, que trata do procedimento de liquidação).

Se a mora for decorrente de **ato ilícito**, terá sido praticada **desde sua prática** (art. 398 do Código Civil); entretanto, se não imputável o ato ilícito ao devedor, contra ele não ocorrerá tal mora (art. 396).

Como efeitos da mora *solvendi* estão: a) o acréscimo de prestações acessórias; b) a perpetuação da obrigação.

Dentre as **prestações acessórias**, que se acoplam à prestação principal, advêm os juros (moratórios), correção monetária, honorários advocatícios e outros prejuízos decorrentes da mora, chamados de perdas e danos (dano moral, lucros cessantes, perda de frutos etc.), conforme artigo 395 do Código Civil.

Quanto à **perpetuação da obrigação**, esta se refere à prolação desta até que seja cumprida, com todos os acessórios acima previstos, **mesmo na ocorrência de caso fortuito ou força maior**. A **única saída** para o devedor se livrar do cumprimento da prestação é se provar que isto ocorreria de qualquer modo, independente da mora (art. 399).

A maior importância – especialmente para as obrigações de dar coisa certa – está no efeito da mora para efeitos processuais, especialmente quanto ao ônus da prova. Assim, não pode o credor alegar que teve prejuízos pela não entrega de um equipamento se o mesmo não teria ainda como instalá-lo, mesmo se a entrega tivesse sido feita dentro do prazo pelo devedor.

O grande problema está no ônus da prova: se o devedor da prestação de dar estiver em mora, a ele cabe provar a ausência de prejuízo do credor; se estiver em dia, precisa o credor provar isto. **Salientamos, porém, que a influência do direito do consumidor e do direito processual civil** pode afetar o rigor desta regra, em razão da possibilidade de *inversão do ônus da prova*.

Interessante é verificar, por fim, o quanto estabelecido pelo Enunciado n. 354 da IV Jornada de Direito Civil da Justiça Federal, **que diz que a cobrança de encargos e juros abusivos impede a caracterização da mora do devedor**, porque este não conseguiria se manter adimplente, de uma forma ou de outra.

Este último tema acaba por se conectar com o próximo tópico, que trata da mora *accipiens*.

24.3 A Mora Do Credor (Mora Accipiens)

A mora do credor será verificada quando se recusar ao pagamento, ainda que a prestação esteja na conformidade do quanto pactuado ou determinado pela lei.

Embora seja mais natural imaginar que o devedor incida em mora, a do credor não é tão improvável, ocorrendo com alguma frequência em caso de obrigação *portable* (em que é dever do credor em buscar o pagamento).

Diferentemente do que ocorre na mora *debendi*, quando o credor está em mora o efeito é a *presunção de* liberação do devedor; entretanto, para que se evite o enriquecimento sem causa (por uma mora em sentido duplo), o devedor terá de manejar a **consignação em pagamento**, extrajudicial ou judicial, conforme sua preferência e/ou tipo de prestação.

Igualmente, a mora desidiosa do credor faz-lhe incidir encargos pela manutenção da prestação às custas do devedor (art. 400 do Código Civil); sendo prestação de dar coisa certa, o devedor se desonera dos riscos de seu perecimento (ressalvadas, é claro, situações de má-fé).

O **recomendável** é que em caso de mora *accipiendi* o devedor promova a devida consignação, também buscando se ressarcir de despesas, prejuízos, indenização por danos e tudo mais que entender de direito, porque embora a teoria e a legislação tragam fórmula em tese muito objetiva e clara, a prática pode trazer nuances interpretativas desfavoráveis àquele que tem de fazer a prestação.

24.4 A Purgação Da Mora

Seja a mora provocada pelo devedor, seja pelo credor, a parte **tem o direito** de oferecer (se devedor) ou receber (se credor) a prestação, com algumas consequências previstas no artigo 401 do Código Civil.

Assim, se a mora advier o devedor, deverá oferecer a prestação mais os acréscimos decorrentes até o dia da oferta; se por parte do credor, receber o referido pagamento, descontadas as despesas e acréscimos do devedor até aquela data (ou pagando-as, se a prestação for diversa de solver quantia em dinheiro).

A purgação da mora, assim, paralisar o acúmulo de prejuízos por aquele descumpriu o dever de obstá-la. Entretanto, **somente será possível a purgação em caso de inadimplemento relativo**. Conforme veremos no próximo capítulo, **se o inadimplemento for absoluto não há que se falar em purgação da mora**, mas apenas no descumprimento obrigacional e – possivelmente – incidência de perdas e danos, além de outros encargos.

25 – O INADIMPLEMENTO ABSOLUTO

O inadimplemento absoluto é aquele de tal maneira grave que ocorre a **perda do interesse jurídico na prestação**. Não se trata de mero capricho do credor; simplesmente a prestação perde seu propósito. É o caso do cantor que não comparece para fazer seu show, do vestido que não é entregue para a formatura da graduanda, da dívida pecuniária que ultrapassa os limites máximos convencionados para pagamento.

Como diferença fundamental em relação ao inadimplemento relativo ou mora é que **o devedor perde o direito subjetivo de cumprir a prestação**, ainda que arcando com os acréscimos. Mas isto não quer dizer, evidentemente, que o credor também perderia o direito de receber. No inadimplemento absoluto, portanto, **desfaz-se a possibilidade de manutenção automática do negócio jurídico pela purgnação da mora**, apenas sendo possível um novo tipo de contratação, uma repactuação (denominada "novação"), reanálise de crédito, dentre outras. Em um contrato de locação imobiliária, pode ocorrer o despejo; em um contrato de alienação fiduciária em garantia de veículo, pode haver a busca e apreensão do mesmo.

O vínculo **contratual** (sendo este a fonte da relação obrigacional) estará desfeito, mas o obrigacional não, porque com o inadimplemento surge o *fenômeno da perpetuação da obrigação*, como já visto.

Outro detalhe importante é que **diferentemente da mora (inadimplemento relativo), o inadimplemento absoluto apenas pode ser imputável ao devedor**. O "equivalente" ao inadimplemento absoluto do lado do credor seria a perda da pretensão através da prescrição, o que ocorre a partir da mora, mas é importante não confundir aqui ambos institutos.

Como regra, **o devedor responde (*haftung*) com todos os seus bens quando ocorrido o inadimplemento** (art. 391 do Código Civil). Entretanto, a legislação estabelece alguns limites, como a proteção do bem de família (Lei n. 8.009/1990) e pelo rol de bens impenhoráveis (art. 833 do Código de Processo Civil).

A situação do inadimplemento é **suavizada** por algumas situações que revelam a função social do direito, para amenizar o rigor de algumas disposições.

A primeira delas é o caso da **onerosidade excessiva** (art. 478 do Código Civil), aplicável aos contratos de trato continuado, se seu cumprimento se tornar demasiadamente oneroso para o devedor *por fatos alheios à sua vontade*. Seus efeitos podem ser ou a resolução do contrato ou a adequação equitativa, sendo mantido (art. 479 do Código Civil). Como exemplo, imaginemos um contrato indexado por moeda estrangeira que tenha tido uma excessiva e inesperada valorização, aumentando por demais as prestações da compra de um equipamento com parcelas ao seu valor vinculadas.

Na mesma esteira, a responsabilidade do devedor é afastada em situações de **caso fortuito ou força maior**, conforme artigo 393 do Código Civil. Sem aqui adentrar nas suas diferenças, mas são situações alheias à vontade do devedor, impossibilitando o cumprimento da prestação. Entretanto, remetemos o leitor ao quanto já dissemos na obrigação de dar coisa *incerta*, porque não pode ser alegado tal fortuito para exonerar irresponsavelmente o devedor antes da escolha, porque o "gênero não perece".

Por fim, há de se mencionar a **teoria do adimplemento substancial** (também chamada de **inadimplemento mínimo**), em que o devedor cumpre a prestação em praticamente toda a sua integralidade, apenas deixando de observar algum aspecto que não inviabiliza seu gozo pelo credor, como a entrega de 99 ao invés de 100 resmas de papel, a realização de um show por uma hora e cinquenta minutos ao invés de duas horas (conforme contratado), dentre outras situações. Não é que fale em *perdão* do quanto não cumprido, mas pelo seu enquadramento não em situação de inadimplemento total, mas sim em prol de sua interpretação como sendo apenas *mora*, possibilitando ao devedor cumpri-la, evitando a resolução unilateral do contrato.

Para a aplicação da teoria – não prevista expressamente no Código Civil, mas bastante utilizada na jurisprudência – exige-se, **cumulativamente:** a) realização da prestação correspondente ao fim visado; b) preservação da boa-fé objetiva do devedor na execução; c) ausência de enriquecimento sem causa e abuso de direito.

Ademais, o Enunciado n. 586 da VII Jornada de Direito Civil exige para a caracterização do adimplemento substancial que sejam levados em conta tanto aspectos quantitativos, como qualitativos da prestação. Ainda que a "quantidade" não tenha sido prestada, mas a qualidade (finalidade) for cumprida, poder-se-á até mesmo nem se falar em mora. Imagine-se, como no exemplo acima citado, de o artista performar no show por dez minutos a menos que o contratado, mas conseguir *entregar* satisfação do público, que encheu as redes sociais de elogios e não houve reclamações. Com prejuízo não houve, tal quantidade é simplesmente desprezada, porque desarrazoada.

Uma advertência, porém, deve ser trazida: o Superior Tribunal de Justiça tem barrado a aplicação irrestrita da teoria em contratos regidos por lei especial, como é o caso dos financiamentos garantidos por propriedade fiduciária (alienação fiduciária em garantia). Assim, ainda que o veículo parcelado em sessenta vezes tenha cinquenta e nove parcelas pagas, o não pagamento de uma única por tempo suficiente a se transformar a mera mora em inadimplemento absoluto pode legitimar o banco a promover as medidas judiciais cabíveis.

26 – PRINCIPAIS CONSEQUÊNCIAS OBRIGACIONAIS DA MORA E DO INADIMPLEMENTO ABSOLUTO

26.1 Introdução

Após analisarmos o inadimplemento relativo (ou mora) e o inadimplemento absoluto, chegou o momento de enfrentarmos as consequências de sua ocorrência, que é a incidência de juros e correção monetária, além da aplicação de perdas e danos em caso de culpa, e de honorários advocatícios.

26.2 Juros

Juros são prestações acessórias à prestação principal. Quanto à origem podem ser legais ou convencionais; quanto à causa, podem ser remuneratórios (ex. remuneração do capital) ou moratórios (pelo descumprimento da prestação). A nós neste momento nos interessa somente esta última hipótese (moratórios), sejam legais, sejam convencionais.

De acordo com o artigo 407 do Código Civil, os juros moratórios **são devidos ainda que o credor não alegue qualquer prejuízo**.

O seu valor **não é disciplinado pelo Código Civil**, de modo que o artigo 406 remete aos aplicáveis à Fazenda Pública que, de acordo com o entendimento plasmado no Enunciado 20 da I Jornada de Direito Civil, é a de 1% (um por cento) ao mês, pela aplicação do artigo 161, §1º, do Código Tributário Nacional.

Entretanto, há precedentes do Superior Tribunal de Justiça (a exemplo do REsp n. 1.111.117/PR), que determina a aplicação da "taxa SELIC", porque utilizada nos tributos federais.

Quanto à sua **fluência**, isto depende do **tipo de mora** a que estamos diante.

No caso de **mora *ex re* (automática), os juros fluem a partir do vencimento da obrigação** (Enunciado n. 428 do CJF), por conta do *dies interpellat pro homine*. Já no caso de **mora *ex persona* (mediante interpelação), fluem a partir da referida interpelação**, inclusive se ocorrer pela via judicial (citação), conforme artigos 405 do Código Civil e 240 do Código de Processo Civil.

Se, porém, **a mora decorrer de ato danoso, os juros fluem a partir da data do evento (Súmula 54 do STJ e Enunciado n. 163 do CJF)**. Chama-se, portanto, de **mora presumida**.

A matéria é indubitavelmente controvertida e se recomenda a consulta na jurisprudência quando do seu manejo, para adequado cálculo.

26.3 Correção Monetária

A correção monetária é a recomposição do valor da moeda por razões inflacionárias. Aplica-se até mesmo em casos de valorização da mesma (recomposição negativa ou *desconto* da dívida), conforme já decidido pelo Superior Tribunal de Justiça (REsp n. 1.361.191).

Adotando-se interpretação baseada em alguns dispositivos genéricos do Código (a exemplo dos artigos 315, 316, 317 e 389), atualmente é aplicada uma média aritmética entre o INPC (Índice Nacional de Preços ao Consumidor) e o IGP-DI (Índice Geral de Preços – Disponibilidade Interna), com cálculos conforme o Decreto Federal n. 1.55/1995.

Entretanto, alguns tribunais adotam índices ligeiramente diferentes, ou até mesmo apenas algum deles.

26.4 Honorários Advocatícios

Os honorários – assim singelamente referidos no Código Civil, sem se especificar se seriam contratuais ou sucumbenciais – são previstos nos artigos 389 e 404.

Por exclusão, entendemos que não são os sucumbenciais, porque dependem de atuação judiciária e, mesmo assim, nos procedimentos nos quais são aplicáveis. Por exemplo, na primeira instância dos Juizados Especiais Cíveis não são e até outro dia não o eram na Justiça do Trabalho.

Por outro lado, restou consolidado pela jurisprudência que os referidos honorários (contratuais) apenas são devidos se ficar demonstrado o **efetivo trabalho de advogado**.

Isto porque o segmento de cobranças de débitos é muito lucrativo e, muitas vezes, mesmo sem que se utilize *diretamente* de serviço de advogado, a conta é enviada para o devedor. Há de se demonstrar pelo credor, portanto, que tal profissional foi devidamente contratado para este fim.

26.5 Perdas E Danos

As perdas e danos não se confundem com as figuras anteriores; muito menos – como a prática jurídica parece querer demonstrar – com o *dano moral*.

Perdas e danos são prejuízos sofridos pela parte vitimada pela inexecução culposa da obrigação, embora em alguns casos também se reconheça apenas pelo risco (responsabilidade objetiva).

O assunto é regulado no campo da responsabilidade civil (que trata das hipóteses contratual e extracontratual), que dada sua extensa regulação e casuística foi trata em volume próprio desta coleção.

Vale saber, para efeito de se deixar o assunto coeso, que os danos podem ser patrimoniais, estéticos ou morais.

Em síntese, os danos patrimoniais são perdas patrimoniais e como tais, **precisam ser comprovadas**, cujo ônus recai sobre o **credor**. Subdividem-se em danos emergentes (ou decréscimo patrimonial) e lucros cessantes (o que se deixou de ganhar), como dita o artigo 402 do Código Civil.

Os danos estéticos ganharam autonomia diante dos morais e são, portanto, relacionados apenas à pessoa natural, que suportou em seu corpo uma perda física, funcional ou fisiológica em seu organismo biológico. É muito comum em caso de acidentes ou de procedimentos odontológicos ou médicos fracassados.

Já os danos morais, superando-se aqui as suas controvérsias mais comuns, decorrem de lesão aos direitos da personalidade. Ultimamente, porém, tem-se percebido um alargamento desses danos, para que possam compensar também frustações contratuais.

O tema, como dito, será melhor enfrentado, como já dito, no volume que trata da responsabilidade civil.

26.6 Cláusula Penal

A cláusula penal é uma convenção acessória à prestação, devida tanto nos casos de inadimplemento absoluto como relativo, ou ainda em caso de descumprimento de alguma outra cláusula específica (arts. 406, 408 e 409 do Código Civil).

Tem três funções: a) reforçar o cumprimento da prestação pelo temor causado em razão de seu acréscimo; b) prefixação dos danos (art. 408 do Código Civil); c) facilitação do ônus da prova, por tornar o prejuízo presumido e previamente estipulado, não sendo necessária sua perquirição judicial.

Diz-se que a cláusula penal é **moratória** quando o credor pode exigir seu cumprimento conjuntamente à da prestação principal (art. 411), ao passo que é denominada de **compensatória** quando *substitui* e *prefixa* as perdas e danos pelo descumprimento da prestação principal ou de alguma outra acessória (art. 416).

Embora seu cálculo não tenha sido determinado no Código, o mesmo diploma apenas dita que a cláusula penal terá como teto o valor do montante principal da prestação assegurada (art. 412), **ainda que os prejuízos sejam maiores**.

Como uma das funções da cláusula penal é prefixar os prejuízos, **somente pode haver cobrança de indenização suplementar se isto vier previsto na própria cláusula** (art. 416, p. único).

26.7 Arras

São espécies de arras as **confirmatórias** e as **penitenciais**. Por falta de melhor localização topológica neste volume, trataremos de ambas neste mesmo tópico.

São **confirmatórias** as arras que consistem na entrega de quantia ou coisa para que se garanta o cumprimento de um negócio (art. 417). Serve, também, como **princípio de pagamento**, também chamada de "sinal", popularmente. Além disto, as arras confirmatórias **apenas têm lugar quando não previsto o direito de arrependimento**. Logo, o negócio está perfeito e acabado e a legislação processual **permite a adjudicação compulsória do bem negociado** (art. 806 e seguintes do Código de Processo Civil), porque as arras confirmatórias têm natureza de **princípio de pagamento.** Por outro lado, havendo prejuízo da parte inocente por inexecução culposa, as arras confirmatórias dadas podem servir de indenização parcial.

Por outro lado, as **arras penitenciais** são aquelas previstas quando o contrato expressamente **disciplina o direito de arrependimento**. Serve, portanto, de **multa pela sua não concretização**. Aquele que deu as arras, se desistir do negócio, as perde; aquele que as recebeu, devolve o valor em dobro. No sentido contrário das arras confirmatórias, as penitenciais **não permitem** a adjudicação compulsória do bem negociado **justamente porque já são uma indenização prefixada pela não concretização do negócio**. E, ademais, **não se permite indenização suplementar**, ainda que provado (art. 420, Código Civil).

26.8 Prisão Por Dívida

A Constituição Federal Brasileira *permite* no artigo 5º, inciso LXVII, que haja prisão do devedor como meio coercitivo de pagamento de prestações alimentícias e de contrato de depósito (o chamado depositário infiel).

Contudo, nos idos de 2009 (precisamente em 03 de dezembro), o Supremo Tribunal Federal reconheceu que os tratados internacionais em direitos humanos ocupam posição hierárquica específica na pirâmide normativa, estando, embora que *abaixo* da Constituição, mas **acima** de quaisquer outras normas (RE 466.343).

Isto se deveu justamente à apreciação do Pacto de San José da Costa Rica (Convenção Interamericana de Direitos Humanos), assinada e ratificada pelo Brasil, que **proibia a prisão do depositário infiel**. Logo, apesar de a Constituição *permitir*, a existência de norma proibitiva deste tipo de prisão fulmina de não conformidade ao tratado (i.e., não *convencionalidade*) qualquer norma em contrário que esteja abaixo de sua posição na pirâmide.

O mecanismo é muito semelhante ao do controle de constitucionalidade, sendo denominado pelo doutrinador Valério Manzuoli, um dos mais respeitados internacionalistas do Brasil e do mundo, como *controle de **convencionalidade***.

Posteriormente, o próprio Supremo Tribunal Federal editou a súmula vinculante n. 25, determinando que **qualquer** forma de depósito não admite prisão coercitiva.

Restou, portanto, prevista e autorizada – até mesmo por razões humanitárias e razoáveis – a prisão do devedor de alimentos, como prevista no artigo 528, § 7º, do Código de Processo Civil, que deverá ser cumprida em regime fechado. Saliente-se que tal prisão é **coercitiva**; ou seja, ainda que o devedor esteja preso, a prestação é devida. Como marco temporal, o Código de Processo Civil determinou que somente poderá ser recolhido ao cárcere o devedor de até três prestações mais imediatas de alimentos; débitos anteriores são cobrados através do procedimento de execução por quantia certa aplicável a dívidas pecuniárias de outras naturezas.

Por fim, há de se apenas considerar um aspecto: quando pensamos em alimentos, vem-nos as situações do direito de família. Entretanto, é importante lembrar que também existem alimentos devidos à vítima de um ato ilícito (exemplo, um acidente de trânsito) e que há algumas prestações que ora a legislação, ora a jurisprudência, consideram como alimentares, a exemplo do salário e dos honorários de profissionais. Caberia, neste caso, a prisão coercitiva?

Os tribunais não têm ainda uma posição definida tanto quanto a um tema, como em relação ao outro, havendo maior tendência de – caso se admita – considerar este mecanismo para as vítimas de atos ilícitos, para, em ocorrendo, somente depois aos pagamentos de salários e verbas honorárias. É uma situação a ser acompanhada pela evolução jurisprudencial.

27 – FORMAS NÃO PACTUADAS DE REALIZAÇÃO DO PAGAMENTO

27.1 Introdução

Sabemos que a prestação deve ser paga exatamente como pactuada ou prevista na legislação, tanto na quantidade, como na qualidade, prazos e eventuais circunstâncias consideradas.

Caso o devedor não as pague desta maneira – ainda que por obstáculo do credor (mora *accipiendi*) – pode se valer dos meios alternativos de pagamento.

Optamos por trazer este tema após o exame das formas relativa e absoluta de inadimplemento porque, até que se prove o contrário, o devedor estará em mora ou até mesmo absolutamente inadimplente.

Vamos então analisá-las.

27.2 Pagamento Por Consignação

A primeira das formas de pagamento indireto ou alternativo é a consignação em pagamento ou também chamada de pagamento por consignação. É a única das aqui listadas em que será o credor que estará em mora (mora *accipiendi*).

Sua regulação encontra espaço tanto no Código Civil (artigo 335), como no Código de Processo Civil (artigo 539 deste diploma e seguintes). Embora seja recomendável o estudo conjugado do direito material e processual, pelo plano desta obra vamos apenas abordar os aspectos do Código Civil.

A primeira situação é do credor que, sem justa causa, recusa-se a receber o pagamento ou ainda a dar a quitação na forma devida (como já analisado acima). Surge profunda insegurança jurídica para o devedor, que corre o risco de "pagar duas vezes".

A segunda situação é o caso da dívida *portable* e que, mesmo assim, o credor não vai buscar o pagamento.

As terceira, quarta e quinta situações estão agrupadas no inciso III do artigo 335. Temos, portanto, justa razão para o pagamento por consignação se o credor for incapaz para receber (e, portanto, para dar quitação); se for desconhecido (muito comum em casos de herança ou de sucessão empresarial) ou declarado ausente; ou ainda residir em local incerto, perigoso ou de acesso difícil.

A sexta situação (inciso IV) às vezes se confunde com a quarta já descrita acima, mas destacou separadamente o Código Civil a situação de *dúvida* quanto a quem pagar. Neste caso – como no assemelhado acima – a prestação fica depositada no banco ou em juízo para que os possíveis credores provem, entre si, quem é o titular do crédito. Esta hipótese ocorre com muita frequência não apenas nas já citadas sucessões *mortis causa* e empresarial, mas também, na área tributária (que se utiliza muito do direito obrigacional), quando não se sabe ao certo a que ente público se deve pagar o tributo (algo não tão incomum em nossa complexa legislação).

A sétima situação (inciso V) é aquela em que há litígio para recebimento do pagamento. Assemelha-se, em termos práticos, tanto à anterior como à do credor desconhecido, mas, neste caso aqui tratado, há uma disputa clara e evidente entre duas ou mais pessoas por um mesmo crédito. Por segurança, o devedor deposita a quantia em juízo.

27.3 Pagamento Por Sub-Rogação

O pagamento por sub-rogação, em seus aspectos mais críticos, já foi trabalhado quando falamos sobre o *solvens* (quem deve pagar), com os reflexos do pagamento feito em nome de terceiro e, se em nome próprio, com ou sem consentimento do devedor. Também já abordamos bastante este tema quando falamos da solidariedade passiva. Por isto, tanto em um caso como no outro, remetemos o leitor aos respectivos capítulos sobre o tema.

O que precisamos abordar neste momento é a **classificação das causas** de sub-rogação. Assim, primeiramente, existe a **sub-rogação legal**, prevista no artigo 346 do Código Civil. Ocorre nos casos do credor que paga dívida do devedor comum (inciso I); do adquirente de imóvel hipotecado que paga ao credor hipotecário para não ser privado dos direitos sobre o imóvel (inciso II) e do terceiro interessado que paga a dívida pela qual era ou poderia ser obrigado, no todo ou em parte (inciso III), como é o caso do fiador ou do devedor solidário.

Apesar de sabermos, pelo quanto abordado em capítulos anteriores, que o credor por sub-rogação adquire os privilégios do credor já satisfeito e liberado, é importante destacar que **no caso específico da sub-rogação legal**, havendo **garantia real** do crédito (penhor), esta se limita ao valor desembolsado pelo terceiro. Logo, o bem **continua com o gravame** se ainda existirem débitos a serem saldados pelo devedor.

A **sub-rogação convencional**, por sua vez, está regulada

no artigo 347 do Código Civil. No inciso I encontramos praticamente a mesma descrição da cessão de crédito, tendo o legislador, inclusive, dito no artigo 348 que seu regime se aplica a ambas. Entretanto, há duas importantes diferenças essenciais: a) na cessão de crédito o cessionário não recebe qualquer pagamento da prestação; o crédito é cedido onerosa ou gratuitamente (sendo muito comum a cessão onerosa pela "venda" de créditos a empresas de cobrança); b) Por conta disto, enquanto é possível a cessão gratuita de crédito, na sub-rogação legal – que ocorre apenas em razão de pagamento – somente se dá de forma onerosa.

A outra hipótese convencional é a de terceira pessoa que faz contrato de mútuo (empréstimo de coisa fungível) pecuniário para que o devedor pague a dívida, desde que a sub-rogação conste expressamente no referido título (ex., contrato de empréstimo).

Como a relação obrigacional **não se extingue**, todos os **poderes, acessórios, garantias, pretensões** o que inclui – em desfavor do credor – eventual fluência do prazo prescricional **permanece**. O que ocorre é meramente a substituição do polo ativo.

Esta consideração tem sentido quando trabalharmos adiante com a **novação** na sua modalidade **subjetiva** e suas diferenças a este instituto.

27.4 Dação Em Pagamento

Na dação em pagamento (art. 356 do Código Civil), o credor **concorda** em aceitar prestação diversa da combinada. Logo, ocorre por meio de um **acordo**, em que, se o vínculo originário tiver ocorrido por meio de instrumento contratual, **recomenda-se a elaboração de um aditivo**.

Apesar de popularmente imaginarmos a dação – até pelo nome – como a entrega de uma coisa no lugar de uma prestação pecuniária, bem da verdade é que o instituto é mais amplo do que parece: troca-se uma prestação por outra, podendo ser de dar coisa certa por dinheiro; dinheiro por uma fazer (ex. prestação de serviço); fazer por um não fazer etc.

O Código apenas traz algumas indicações de aplicação subsidiária de institutos. Logo, dispõe que se for dada em dação uma coisa, aplica-se o regramento da compra e venda (art. 357); se for entregue um crédito, aplica-se o quanto relativo à cessão de crédito (art. 358).

O credor também é protegido dos riscos da evicção, isto é, da perda da coisa em razão de decisão judicial. Assim, se entregou um bem que não estava, *a priori*, embaraçado ao credor e, depois, o juiz determina a ineficácia da transação, o status de inadimplemento do devedor volta ao momento anterior ao da dação (art. 359).

Entretanto, se antes a prestação estava assegurada por fiança, o fiador é liberado no ato do pagamento do bem entregue em dação, não mais podendo ser automaticamente vinculado em caso de evicção (art. 838, inciso III). O credor, que sofreu evicção do bem recebido em dação poderá reparar seus prejuízos junto ao devedor ou exigir-lhe reforço das garantias, com as consequências já examinadas diante da recusa (exemplo: vencimento antecipado das parcelas futuras se obrigação de trato sucessivo e/ou perdas e danos).

Em um caso como no outro, os direitos de terceiro de boa-fé não podem ser prejudicados (art. 359), tendo o credor que arcar com o prejuízo, podendo, em seguida, reembolsar-se do devedor.

Um exemplo pode ajudar no melhor esclarecimento. Suponhamos que Pedro devia a João R$ 30.000,00 (trinta mil reais) e, sem dinheiro, mas tendo um carro em seu nome, transfere sua propriedade para João. João então aceita a dação, coloca o carro à venda e Antônio o compra. Pedro estava se divorciando de Maria e a sentença do juiz determina, na partilha que o carro vá para ela. Entretanto, o carro já não estava mais com Pedro, que informa ao juiz que o deu para João. João acaba tendo de responder perante o juiz sobre o bem (situação típica de evicção). O artigo 359 do Código Civil, porém, proíbe que João pretenda desfazer o negócio junto a Antônio. Em suma, João vai ter de pagar a Maria (a divorcianda de Pedro) os R$ 30.000,00, podendo – é claro e com os acréscimos – recobrar isto de João. Antônio, comprador de boa-fé não poderá sofrer qualquer abalo na propriedade do veículo. Todo este exemplo é o que pode ser extraído da parte final do artigo 359, que apenas diz "... ressalvados direitos de terceiros".

27.5 Novação

Com a novação – para decorar, pense em **re**novação – o vínculo anterior é rompido, com a extinção da relação obrigacional e um novo vínculo surge.

De logo, percebemos suas vantagens e desvantagens diante de outros institutos já trabalhados, como a sub-rogação e a dação em pagamento. É que nos anteriores, o vínculo é mantido e, com ele, os privilégios, garantias, encargos e, até mesmo, **eventual fluência de prazo prescricional**. Com a novação, "zera-se" tudo.

A novação é **muito usada** em renegociações bancárias. Muitas vezes, o cliente de mútuo bancário devia certo valor e já estava com o seu nome "negativado". Sabe-se que com cinco anos ocorre a prescrição da dívida (em prazos consumeristas). Aí o credor bancário oferece ao seu cliente um parcelamento em "condições imperdíveis", o que é aceito pelo consumidor. O que quase sempre não é lido – ou deliberadamente ignorado pelo consumidor – é que estará renovando a dívida e **todos os seus prazos**.

Por isto, recomenda-se que o consumidor se empenhe em pagar o débito dentro do pactuado originalmente e apenas aceitar tais repactuações se – e somente se – puder se manter adimplente. Caso contrário, além de voltar a ter seu nome negativado, este ficará por mais outros cinco anos a partir do inadimplemento.

Como o vínculo é rompido, ocorrem situações curiosas. Se a dívida for solidária, os aspectos desfavoráveis ao devedor que a novou somente a ele são aplicáveis, não aos demais devedores solidários, que precisam dar ciência expressa. Igualmente, se havia fiança, o fiador não estará vinculado automaticamente à obrigação novada.

Embora não se possa dizer exatamente que a novação seja um negócio acessório – porque não o é, já que rompe o anterior, fazendo nascer um novo – dele se deriva; por este motivo, se negócio jurídico originário for eivado de vícios insanáveis, como inexistência, extinção (por pagamento direto ou compensação, por exemplo) ou nulidade, a novação padecerá dos mesmos vícios. Destaque-se que a súmula 286 do Superior Tribunal de Justiça diz que renegociações de dívida ou confissão desta como componentes da novação não impedem a discussão de ilegalidades da relação originária.

Todavia, o artigo 367 dispõe que obrigações **anuláveis podem ser novadas**, como a assumida por um relativamente incapaz ou uma obrigação natural.

O artigo 360 estabelece que são três os tipos de novação: a) devedor contrai com o credor nova dívida para extinguir e substituir a anterior (inciso I); b) antigo devedor é liberado do vínculo e um novo assume o seu lugar, pelo que o devedor antigo é considerado quite com o credor (inciso II); c) no sentido oposto à situação anterior, novo credor sucede um antigo e o devedor fica quite perante este, passando a dever ao novo credor (inciso III).

Quanto à novação subjetiva passiva (substituição do devedor), esta por ocorrer **contra a sua vontade** (art. 362 do Código Civil), pelo que é chamada de **novação por expromissão**. Com isto, mais uma vez, observa-se a proteção do crédito. Por outro lado, se o devedor concordar com a novação, estamos diante de **novação por delegação**, em que o devedor originário e seu sucessor fazem um acordo entre si e, em seguida, o credor aceita a chegada no novo devedor no negócio, em substituição ao anterior.

Esta distinção é fundamental quanto à eventual ação de regresso do credor perante o devedor originário, se a operação se deu de má-fé. Isto porque, se o credor, teimosamente, não der ouvidos ao devedor originário e aceitar, contra a sua a sua vontade (**via expromissão**), a chegada de um novo devedor (que, digamos, seja inimigo do devedor originário, de má-fé com ele para prejudica-lo – talvez, por exemplo, para ficar insolvente propositalmente) **e ocorrer o estado de insolvência do novo devedor, o credor nada poderá fazer**.

Por outro lado, na novação subjetiva por **delegação**, qualquer má-fé da parte de um ou dos dois devedores combinada com o estado de insolvência do devedor sucessor, como o antigo concordou com a substituição, **por causa de sua má-fé o credor pode usar de ação de regresso contra ele**.

27.6 Compensação

A compensação ocorre quando dois sujeitos são, reciprocamente, credor e devedor de dois vínculos obrigacionais distintos; assim, ao invés de cada qual, respectivamente, fazer seus pagamentos, compensam os seus débitos entre si, anulando total ou parcialmente as prestações (art. 368, Código Civil)

Todavia, há alguns requisitos que devem ser observados para que a compensação se opere: que as prestações sejam homogêneas, líquidas, exigíveis, da mesma qualidade e fungíveis (art. 369, Código Civil).

A única exceção à exigência de liquidez e exigibilidade é quanto à dívida a termo, em que se concede a um dos devedores recíprocos mais prazo para pagá-la (moratória, art. 372). Neste caso, ainda que a dívida seja futura, não se impede sua compensação.

Se as prestações tiverem de ser cumpridas em lugares diferentes, primeiro deduz-se as despesas necessárias, para então ser operada a compensação (art. 378, Código Civil).

Mesmo assim, o Código determina que algumas prestações, mesmo cumpridos os requisitos acima, são incompensáveis, porque o legislador tentou prevenir prejuízos maiores a terceiros, ou por sua ilicitude inata. São os casos de: a) dívida proveniente de esbulho, furto ou roubo; b) dívida proveniente de comodato ou depósito; c) dívida proveniente de alimentos; d) compensação durante o processo falimentar; e) não compensação voluntária (já prevista entre as partes no instrumento originário de uma ou de ambas as obrigações); f) outras, por força de lei (como é o caso de honorários de sucumbência, como determina o artigo 85, § 4º, do Código de Processo Civil).

A compensação pode ser ainda determinada pelo juiz e, excepcionalmente, por meio de um terceiro (exemplo do fiador), isto por conta de seu interesse jurídico.

Havendo várias dívidas compensáveis, devem ser observadas as regras da imputação ao pagamento (art. 379, Código Civil), adiante detalhadas.

Também é preciso lembrar que créditos penhorados não podem ser compensados, em harmonia com os efeitos da penhora já analisados em diversos outros casos atrás.

27.7 Imputação Ao Pagamento

Na imputação ao pagamento o devedor está vinculado ao credor em prestações decorrentes de pelo menos mais de um vínculo obrigacional. Logo, quando procede com o pagamento, é preciso *imputar* (indicar) qual prestação está quitando (art. 352 do Código Civil).

Embora a legislação oferte ao credor a escolha (imputação), nada impede que o instrumento contratual dê ao credor tal prerrogativa.

Também é possível a imputação entre prestações diversas de um mesmo vínculo obrigacional, como ocorre entre prestações decorrentes de obrigacionais acessórias e principais. Neste caso, quando feito o pagamento pelo devedor, a regra é que primeiramente são imputados os juros, para depois ser abatido o pagamento principal (art. 354, Código Civil).

Já quanto ao tempo, a presunção é de que as mais antigas (vencidas primeiramente, porque se considera a **exigibilidade**, não sua formação) são abatidas primeiro.

Quanto à onerosidade, se todas as dívidas forem líquidas e exigíveis, primeiro será imputada a mais onerosa (por exemplo, com cálculo de juros mais altos).

Existe ainda uma quarta situação, prevista pela doutrina, que em mais de uma dívida, idênticas entre si (quanto ao vencimento, onerosidade, exigibilidade...), a presunção é de que *todas são abatidas proporcionalmente.*

27.8 Confusão

A confusão ocorre quando credor e devedor, seja por ato *inter vivos*, seja *mortis causa*, tem suas qualidades reunidas (posteriormente à origem dos vínculos) na mesma pessoa.

É o caso de uma pessoa jurídica que é devedora de outra, mas que, posteriormente, é a ela incorporada. Ou ainda quando alguém devia um valor a determinada pessoa natural, que morre, e deixou em testamento legado para seu antigo devedor.

Indubitavelmente, é uma figura um tanto quanto rara, porém não tão peculiar se adotarmos situações de sucessão empresarial, como dito acima. Às vezes uma pessoa jurídica empresária adquire um concorrente ou um antigo fornecedor ou parceiro comercial. Pela reunião das características, os débitos ficam **resolvidos**, inclusive com seus encargos e acessórios.

Sendo parcial a confusão (ex. aquisição de cotas de uma sociedade) e havendo solidariedade passiva, esta persiste no restante do montante (art. 383 do Código Civil).

27.9 Remissão

Remissão é o **acordo** pelo qual o credor **perdoa** (remissão com "ss" é o perdão, nunca é demais lembrar!) prestação do devedor (art. 385).

Sendo um acordo, o devedor **deve aceitá-la**. Isto a difere da *renúncia* ao crédito, porque este negócio jurídico é unilateral, independendo da vontade do devedor. A remissão, portanto, é um **negócio jurídico bilateral**.

A remissão para prejudicar interesse de terceiros é **anulável**; isto porque o credor deixa de receber e, assim, de pagar aos seus referidos credores. Também será anulável a remissão por credor em estado de insolvência, porque esta prejudica interesse de terceiros.

A remissão pode ser expressa (pela confecção e assinatura, por ambas as partes, de um documento) ou tácita, como a devolução da cártula ao devedor (art. 386). Entretanto, na prática, pode ser confundida a devolução da cártula como presunção de pagamento (art. 324), pelo que se exige que seja acompanhada de alguma declaração de que se trata de remissão.

Um cuidado a ser verificado é quanto à devolução ao devedor não da cártula, mas do objeto empenhado (art. 387). Neste caso, o ato não corresponde a remissão, mas sim a renúncia à garantia.

Recomendamos que o leitor retorne à seção em que trabalhamos os efeitos da remissão para os devedores solidários, a fim de integrar melhor o estudo.

28 – ATOS UNILATERAIS

Atos unilaterais – melhor aqui se falar em negócios jurídicos unilaterais – são condutas humanas voluntárias em que a vontade do emitente é capaz de gerar obrigações para com terceiros, determinados ou determináveis.

A doutrina se divide em afirmar se há distinção – ou relação de gênero e espécie – entre os atos unilaterais (art. 854 do Código Civil) e os negócios jurídicos unilaterais, pela possibilidade de criação de figuras atípicas por força do art. 425 do diploma civilista.

De qualquer sorte, a distinção não traz grandes efeitos práticos, pelo que nos posicionamentos pela sua atipicidade, embora existam alguns que tenham sido previstos expressamente no Código.

São eles a promessa de recompensa (art. 854), a gestão de negócios (art. 861), o pagamento indevido (art. 876) e o enriquecimento sem causa (art. 884). Vamos então analisá-los.

28.1 Promessa De Recompensa

A promessa de recompensa é o ato pelo qual alguém, unilateralmente, mediante anúncios públicos, promete recompensar quem preencher mediante certa condição ou realizar determinado serviço, mediante a entrega de um prêmio (art. 854).

Um destaque é que o vínculo apenas ocorre com o cumprimento da prestação; logo, a relação jurídica obrigacional nasce junto com o seu desfazimento – realização da contrapartida do prêmio (art. 855).

A doutrina afirma que este cumprimento é um **ato-fático** jurídico.

Como promessa, pode ser **revogada antes de realizada a conduta ou entregue a coisa** de cuja contrapartida se espera o prêmio; entretanto, se houver prazo (termo final de cumprimento), fica o promitente obrigado até a data divulgada (art. 856).

O artigo 856 e seu parágrafo único do Código Civil confere direito ao ressarcimento de despesas daquele que, de boa-fé, envidou esforços para localizar a coisa ou prestar o serviço e se frustrou com a revogação da promessa feita sem termo. Deve-se provar, contudo, que assim o fez.

Se várias pessoas tiverem empenhado tais esforços, o limite do reembolso é o valor da própria promessa, limitando o ressarcimento a valores que tenham sido superiores a ela.

Há controvérsia quanto a qual pagamento o credor da promessa teria direito se a tiver cumprido na feita sem prazo, porém revogada. Entendemos, porém, que terá direito ao prêmio prometido, até mesmo porque a revogação da promessa muitas vezes pode ser compreendida como frustração do promitente por desacreditar que possa ser cumprida (ex. localizar um animal de estimação que é achado após a revogação da promessa).

Atente-se ainda que o Código previu possibilidade de rateio do prêmio entre os cumpridores no caso de empate (art. 858), como ocorre inclusive no caso de concursos.

28.2 Gestão De Negócios

A gestão de negócios ocorre quando, sem autorização do interessado, alguém intervém na gestão de negócio alheio, que o deverá dirigir segundo o interesse e a vontade presumível do dono, ficando responsável a este e às pessoas com que tratar (art. 861 do Código Civil).

Doutrinariamente se aproxima da tradicional figura do "quase-contrato".

Difere do contrato de mandato, porque neste o mandante contrata diretamente para que o mandatário faça algo em seu nome, dentro dos poderes ali outorgados. Entretanto, o artigo 665 do Código Civil diz que se o mandatário exceder tais poderes, estará agindo como gestor de negócios, devendo obedecer a sua regulação. E, se o mandante depois ratificar os atos excedentes, estes serão incorporados como se tivessem sido outorgados no contrato de mandato.

Assim, a gestão de negócios é uma representação sem mandato, gerindo coisa alheia de modo benéfico ao seu titular.

Entende-se que, em decorrência do quanto exposto, a gestão de negócios sempre é gratuita (sem fim remuneratório, diferente do mandato, que pode ter tal fim), em que o gestor tem o dever de diligência conforme vontade presumível do dono (art. 866), bem como de avisá-lo (art. 864) e de assim permanecer (continuar na gestão) até a intimação do gestor (art. 865).

Se o gestor agir com culpa, responderá com perdas e danos; porém, ainda que em caso fortuito, se atuar contra a manifesta vontade presumível do dono, também responde, situação esta que é chamada de "mandato tácito" (art. 862, Código Civil).

Também o gestor responde, mesmo que em caso fortuito, em operações arriscadas, ainda que o dono costumasse fazê-las, havendo prejuízos. Por fim, é responsável quando preterir o interesse do dono em proveito de interesses próprios (art. 868).

Com a comunicação e aprovação pura e simples do negócio, há ratificação e um contrato de mandato com eficácia retroativa (*ex tunc*) ao dia do começo da gestão (art. 873).

Se, por outro lado, em resposta à comunicação, o dono do negócio a rejeitar, a gestão deve cessar-se, sob pena de responsabilização mais ampla, incluindo força maior. Igualmente, o gestor não pode passar este encargo a terceiros, sob pena de responder pelos prejuízos que este causarem (art. 867, Código Civil).

Havendo cogestão, a responsabilidade é solidária (**expressa por força de lei**), em razão do artigo 867, parágrafo único, do Código Civil.

Ao dono do negócio cabe o dever de indenizar o gestor caso a gestão não lhe seja proveitosa, pelos gastos necessários, úteis, com juros desde o desembolso e pelos prejuízos causados (art 868, parágrafo único e 869). Além disto, tem o dever de cumprimento nas obrigações assumidas pelo gestor, em caso de aceitação (art. 869).

Tais reflexos patrimoniais sempre são avaliados não pela possibilidade de acréscimo patrimonial (lucro), mas ela **utilidade na conservação** da coisa ou do negócio.

Há ainda dois tipos de gestão mais *altruístas*: aquele que presta alimentos no lugar do obrigado tem o direito de ser ressarcir do obrigado, ainda que este não concorde. No mesmo sentido, as despesas com enterro podem ser cobradas daquele que teria tido a obrigação alimentar para com o morto. **Note-se que esta é uma exceção ao princípio de que as despesas do *de cujus* não podem ultrapassar as forças da herança**!

Por fim, há duas situações peculiares: tudo o que o gestor fizer à sua "conta e risco" não precisa ser indenizado pelo dono e, excepcionalmente gestor e dono podem se tornar sócios de fato, se seus negócios forem conexos (art. 873 do Código Civil), com direito à repartição dos dividendos.

28.3 Pagamento Indevido

O pagamento indevido não é minuciosamente regulado pelo Código Civil, mas advém não apenas das regras contrárias ao enriquecimento sem causa, bem como da boa-fé objetiva.

É preciso antes afirmar que o pagamento indevido é aquele feito de boa-fé pelo devedor, que tinha a evidente vontade de cumprir obrigação e que agiu com cautela (ausência de culpa), de acordo com o quanto determinado no art. 877 do Código Civil.

Uma situação muito comum é o recebimento de boletos de prestações pecuniárias de contratos aos quais o devedor realmente esteja vinculado, constando nele todos os seus dados e a própria formatação do documento leva a crer que aquele título era verossímil. A prova é ônus de quem fez o pagamento, com exceção apenas para os contratos de abertura de conta corrente, conforme Súmula 322 do Superior Tribunal de Justiça.

O pagamento pode ser indevido ou objetivamente ou subjetivamente. Objetivamente indevido é o pagamento de dívida que não existe ou feito de forma injusta (ex.: paga a maior). Subjetivamente indevido é o pagamento feito a pessoa que não é credora (como no caso da fraude acima citada).

Como consequência, embora o credor tenha o direito de receber o pagamento do devedor, este pode cobrar seu reembolso de quem o recebeu indevidamente, **ressalvadas as consequências específicas, em geral mais favoráveis ao devedor/vítima, dispostas no direito do consumidor e do direito penal.**

Há situações, porém, em que **mesmo realizando pagamento indevido, o devedor não pode obter a restituição**: a) devedor que renunciou à prescrição (art. 882, Código Civil); b) pagamento de prestação decorrente de obrigação natural (ex. jogo ou aposta).

Além disto, embora não possa cobrar do credor, pode reaver do terceiro o pagamento se interessado o fez, acreditando estar ainda vinculado ao credor por título que este inutilizou, ou cujas garantias foram perdidas, ou já prescrita (art. 880).

E uma solução curiosa ocorre para o devedor que paga obrigação ilícita: embora **não possa reaver o quanto pago**, o credor também não fica com a prestação, que é revertida para instituição de beneficência (art. 883).

Por fim, há de se esclarecer que embora o artigo 940 do Código Civil preveja indenização via devolução em dobro contra aquele que demandar dívida já paga, ou ainda que deverá devolver o equivalente à cobrança a maior (em semelhança ao previsto no art. 42, parágrafo único, do Código de Defesa do Consumidor), a jurisprudência tem temperado o rigor de tais dispositivos, condicionando-os à verificação de evidente má-fé do *accipiens* ou do credor.

28.4 Enriquecimento Sem Causa

A última hipótese é a do enriquecimento sem causa, prevista no artigo 884 do Código Civil. Embora muitos a entendam como assemelhada ou idêntica ao *enriquecimento ilícito*, não figuras distintas, porque não há qualquer direito a reembolso de prestações realizadas em negócios ilícitos (ex.: pagamento de preço de mercadorias contrabandeadas).

Assim o enriquecimento sem causa exige: a) enriquecimento do *accipiens*; b) empobrecimento do *solvens*; c) nexo de causalidade; d) falta de justa causa.

Tais requisitos têm sido harmonizados pela doutrina e pela jurisprudência, como se entendendo que não é necessário um essencial "empobrecimento" do *solvens* (Enunciado 35 da I Jornada de Direito Civil) e que a restituição é devida mesmo se coisa dada em prestação deixar de existir (art. 885 do Código

Civil).

A restituição do enriquecimento sem causa é feita pela ação *in rem verso*, sem embargo do uso de outras ações provados prejuízos acessórios (art. 886 do Código Civil). Por exemplo, se cabível ação de cobrança, incabível a ação *in rem verso*.

Por fim, o Enunciado 36 da I Jornada de Direito Civil do Conselho da Justiça Federal não exclui o direito à restituição do objeto do enriquecimento em causa em que meios alternativos tenham sido obstáculos de fato para o seu exercício.

REFERÊNCIAS CITADAS E CONSULTADAS

GAGLIANO, Pablo Stolze. O contrato de doação. 3. ed. São Paulo: Saraiva, 2010.

GOMES, Orlando. Obrigações. 8. ed. Rio de Janeiro: Forense, 1986.

LÔBO, Paulo Luiz Netto. Código Civil comentado. São Paulo: Atlas, 2003. v. XVI.

LOPES, Miguel Maria de Serpa. Curso de direito civil: fontes das obrigações – contratos. 7. ed. Rio de Janeiro: Freitas Bastos, 2001.

LORENZETTI, Ricardo Luis. Fundamentos do direito privado. Trad. Vera Maria Jacob de Fradera. São Paulo: Revista dos Tribunais, 1998.

MARQUES, Cláudia Lima. Contratos no Código de Defesa do Consumidor. 4. ed. São Paulo: Revista dos Tribunais, 2004.

MARTINS-COSTA, Judith. Comentários ao novo Código Civil: do inadimplemento das obrigações. Rio de Janeiro: Forense, 2004. v. V, t. II.

NADER, Paulo. Curso de direito civil: obrigações. Rio de Janeiro: Forense, 2005. v. 2.

NERY JUNIOR, Nelson; NERY, Rosa Maria de Andrade. Código Civil comentado. 4. ed. São Paulo: Revista dos Tribunais, 2006.

NEVES, José Roberto de Castro. O Código do Consumidor e as cláusulas penais. 2. ed. Rio de Janeiro: Forense, 2006.

PERLINGIERI, Pietro. Perfis do direito civil: introdução ao direito civil constitucional. 2. ed. Rio de Janeiro: Renovar, 2002.

PODESTÁ, Fábio Henrique. Direito das obrigações: teoria geral e responsabilidade civil. 6. ed. São Paulo: Atlas, 2008.

REALE, Miguel. Estudos preliminares do Código Civil. São Paulo: Revista dos Tribunais, 2003.

ROCHA, António Manuel da; CORDEIRO, Menezes. Da boa-fé no direito civil. Coimbra: Almedina, 2001.

SILVA, C. V. do Couto e. A obrigação como processo. [S.l.]: FGV, 2006

SILVA, Jorge Cesa Ferreira da. Inadimplemento das obrigações. São Paulo: Revista dos Tribunais, 2006.

TARTUCE, Flávio. Direito civil: direito das obrigações e responsabilidade civil. 9. ed. São Paulo: Método, 2014.

VELOSO, Zeno. Comentários ao Código Civil. São Paulo: Saraiva, 2003. v. 21.

---

[1] Exercício arbitrário das próprias razões. Art. 345 - Fazer justiça pelas próprias mãos, para satisfazer pretensão, embora legítima, salvo quando a lei o permite: Pena - detenção, de quinze dias a um mês, ou multa, além da pena correspondente à violência. Parágrafo único - Se não há emprego de violência, somente se procede mediante queixa

ABOUT THE AUTHOR

Belmiro Vivaldo S. Fernandes

Belmiro Vivaldo Santana Fernandes é Doutor e Mestre em Direito pela Universidade Federal da Bahia, além de graduado em Direito pela Universidade Católica do Salvador. É pesquisador do Grupo VIDA na área de bioética, registrado no CNPq e vinculado ao Programa de Pós-Graduação em Direito da Universidade Federal da Bahia, liderado por sua orientadora do mestrado e do doutorado, profa. Dra. Mônica Neves Aguiar da Silva. Atua, desde o ano de 2004, tanto no  magistério superior (graduação, pós-graduação e cursos preparatórios) como na atividade jurídica (com destaque à sua experiência em assessoramento de magistrados e no exercício da atividade juiz leigo de turma recursal, varas cíveis e de relações de consumo do Tribunal de Justiça do Estado da Bahia). Além da docência, ocupou diversos cargos de gestão acadêmica e de pesquisa, sendo autor de outras obras, jurídicas, não jurídicas e também literárias. Contato: belmirofernandes@gmail.com | Instagram: @belmirovivaldo | www.youtube.com/belmirovivaldo | amazon.com/author/belmirofernandes

BOOKS BY THIS AUTHOR

La Bomboniére: E Seu Delicioso Cardápio De Tortas E Bolos (Portuguese Edition)

O universo LGBTQ é ainda rodeado por mistérios, especialmente dentre aquelas pessoas que não fazem parte dele. Há diversos mitos, estereótipos e estigmas que o permeia, mas também muitas vivências e histórias boas para serem contadas.

Este livro é um pequeno romance literário, ficcional portanto, de algumas vivências ocorridas por Hudson, Mário, Eustáquio, Ernani e Edson, na busca de viverem e serem felizes, seja na cidade onde parte deles vive, em Salvador/BA, seja nas diversas viagens pelo Brasil.

Neste volume, são retratadas as vivências desses personagens, marcadas por encontros, reencontros, curtição e vulnerabilidades. Alguns temas aqui trabalhados são um tanto quanto sensíveis e recomendo ao leitor que os conheça com cautela.

ADVERTÊNCIA: Esta é uma obra ficcional. Os personagens aqui retratados foram inspirados em pessoas reais, mas não correspondem a elas, nem seus destinos foram aqui reproduzidos. Leia esta obra como puro entretenimento, sem grandes reflexões, embora alguns temas tratados naturalmente as provoque.

Introdução Ao Direito Do Consumidor (Coleção Painel De Bordo Livro 1

A coleção "Painel de Bordo" tem, por propósito, apresentar ao leitor uma abordagem direta e objetiva sobre temas específicos do direito. A cada edição, A presente obra tem por propósito servir de visão introdutória aos principais temas de direito do consumidor, iniciando por sua introdução.O desafio para elaborar uma obra de direito do consumidor é muito grande, visto que a matéria é complexa e muito vasta, pelo que dificilmente pode ser analisada com todo o detalhamento necessário no escopo restrito de apenas uma publicação. Nesta obra, enfrentamos os principais temas da disciplina, os conceitos elementares da relação de consumo, para que o leitor possa se familiarizar com seu contexto.Reiteramos o compromisso de sempre manter a obra atualizada, de modo que esta edição representa o seu caráter introdutório, que seguramente abraçará ainda mais temas ao longo do aprofundamento das pesquisas.

Elementos De Direito Internacional

A presente obra tem por propósito servir de visão introdutória aos principais temas de direito internacional.

O desafio para elaborar uma obra de direito internacional é muito grande, visto que a matéria é complexa e muito vasta, pelo que dificilmente pode ser analisada com todo o detalhamento necessário no escopo restrito de apenas uma publicação.

Nesta obra, enfrentamos os principais temas da disciplina, como o acesso à justiça, aviação e navegação aérea, combate a ilícitos internacionais, condição jurídica do estrangeiro, conflitos de leis no espaço, entrada e permanência de estrangeiros, mecanismos de solução de conflitos internacionais, além dos principais temas de direito internacional público.

Reiteramos o compromisso de sempre manter a obra atualizada, de modo que esta edição representa o seu caráter introdutório, que seguramente abraçará ainda mais temas ao longo do aprofundamento das pesquisas.

Agradecemos a confiança depositada e fazemos votos de que o leitor possa aproveitá-la da melhor forma possível, compreendendo e conhecendo mais sobre o direito internacional.

Comentários Ao Código De Processo Civil - Volume 8

O Brasil presencia a entrada em vigor de um novo Código de Processo Civil, editado pela Lei nº 13.105, de 16 de março de 2015. Não se operou, entretanto, uma ruptura completa com a codificação anterior, cujos méritos são de todo reconhecidos.

As exigências do contemporâneo direito constitucional, bem como o dinamismo da ordem jurídica material, reclamavam o aprimoramento dos instrumentos de acesso à tutela jurisdicional civil.

Alguns institutos procedimentais realmente novos foram concebidos pelo Novo Código de Processo Civil, enquanto outros, havidos como obsoletos, foram eliminados. Em grande proporção, todavia, a sistemática do CPC de 1973 se manteve, e a orientação jurisprudencial traçada firmemente pelos tribunais superiores restou representada no texto do Novo CPC.

Assim, a presente obra, dividida em oito volumes, conserva grande parte dos precedentes pretorianos, sempre que se mostrem úteis e consentâneos com a nova lei.

Há de se destacar o importante papel do Fórum Permanente de Processualistas Civis, cujos enunciados foram integralmente transpostos para a obra, fazendo o necessário cotejo com os dispositivos.

Finalmente, foram observadas as importantes alterações proporcionadas pela Lei nº 13.256 de 04 de fevereiro de 2016, editada durante a vacatio legis do Novo Código de Processo Civil, inserida em seu texto.

Comentários Ao Código De Processo Civil - Volume 7 (Com Notas): Dos Recursos

Comentários Ao Código De Processo Civil - Volume
6: Procedimentos Especiais

Comentários Ao Código De Processo Civil - Volume
5: Cumprimento De Sentença; Execução De Título
Extrajudicial

Comentários Ao Código De Processo Civil - Volume
4: Provas; Sentença; Coisa Julgada

Comentários Ao Código De Processo Civil - Volume
3: Da Petição Inicial À Audiência De Instrução E
Julgamento

Comentários Ao Código De Processo Civil - Volume
2

Comentários Ao Código De Processo Civil - Volume
1

O Dano Moral Por Discriminação À Pessoa Em Decorrência De Sua Orientação Sexual.: Edição Revista E Ampliada

Esta dissertação buscou examinar a aplicação da responsabilidade civil por danos morais como instrumento de proteção às
pessoas que são discriminadas em decorrência de orientação sex-

ual. A partir da interlocução possível entre a Constituição e o Direito Civil, examinou-se o valor filosófico da dignidade humana e seu reconhecimento jurídico como princípio constitucional, cuja aplicabilidade revela-se plena mediante a utilização das teorias lastreadas no pensamento pós-positivista. Objetivando o reconhecimento de sua máxima eficácia, pôs-se em aproximação a dignidade humana perante os direitos de personalidade e direitos fundamentais, enquanto suas decorrências normativas, enfrentando-se, com relação a estes últimos, o regramento da direta aplicação do direito à igualdade às relações jurídicas entre particulares. Reconhecidos tais limites, estudou-se mais detidamente o instituto da responsabilidade civil por danos morais, mediante o levantamento de seus pressupostos e das diversas correntes que regulam sua aplicação. Neste contexto, buscou-se o regramento da livre expressão da sexualidade como decorrência do exercício da dignidade, mediante levantamento de dados antropológicos, científicos e históricos que atestam a ocorrência e legitimação social da homossexualidade em outras culturas e épocas, bem como os elementos que motivaram sua discriminação. A seguir, expôs-se o quadro da tolerância da orientação sexual no Brasil, a partir da análise de exemplos contemporâneos, conferindo-se especial destaque aos casos levados a julgamento nos tribunais pátrios. A pesquisa indicou que, embora a sociedade brasileira ainda discrimine pessoas em decorrência de orientação sexual, o ordenamento jurídico pátrio é capaz de indenizá-las moralmente por tais agressões, considerando que o livre exercício da sexualidade é componente da plena manifestação da personalidade e satisfação do corolário da dignidade humana.